U0660582

丁绍光评传：探寻千年艺术之源

TING SHAO KUANG
TOMORROW, CHINA
AT THE SOURCES OF THE ART OF THE MILLENNIUM
A CONVERSATION WITH ANDRÉ PARINAUD

［法］安德烈·帕利诺　著

蔡槐鑫　译

人民出版社

责任编辑：汪　逸　刘　今
特邀编辑：张　彬　贾维克
装帧设计：王欢欢

图书在版编目（CIP）数据

丁绍光评传：探寻千年艺术之源 /（法）安德烈·帕利诺 著；蔡槐鑫 译 . —北京：
　人民出版社，2025.8
ISBN 978 - 7 - 01 - 024091 - 6

I. ①丁…　II. ①安…②蔡…　III. ①丁绍光 - 传记　IV. ① K825.72

中国版本图书馆 CIP 数据核字（2021）第 245508 号

丁绍光评传：探寻千年艺术之源

DING SHAOGUANG PINGZHUAN TANXUN QIANNIAN YISHU ZHI YUAN

［法］安德烈·帕利诺　著　蔡槐鑫　译

人 & 大 版 社 出版发行
（100706　北京市东城区隆福寺街 99 号）

北京雅昌艺术印刷有限公司印刷　新华书店经销

2025 年 8 月第 1 版　2025 年 8 月北京第 1 次印刷
开本：635 毫米 × 965 毫米 1/6　印张：36
字数：345 千字

ISBN 978 - 7 - 01 - 024091 - 6　定价：680.00 元

邮购地址 100706　北京市东城区隆福寺街 99 号
人民东方图书销售中心　电话：（010）65250042　65289539

版权所有·侵权必究
凡购买本社图书，如有印制质量问题，我社负责调换。
服务电话：（010）65250042

序 一

1999年，千禧年前夕，

安德烈先生偕夫人由巴黎来到洛杉矶，住在我的家里，

20天里我们一起经历了美好的心与心的交流与对话。

2000年10月，安德烈先生完成了这部书稿。

由于诸多的因素，

中文版一直未曾问世，

而安德烈先生却在2006年离开了尘世。

安德烈先生是当代许多艺术大师，

如达利、米罗等人的好友。

他是法国著名的美术评论家、哲学家。

在第二次世界大战期间，他是从纳粹集中营

上千人的逃亡中，幸存的12人中的一员。

从那一天起，他就不曾放下手中的笔。

他的著作浩瀚博大，

涉及文学、艺术、美学、哲学、人类学等诸多领域。

这位影响了现代许多国际艺术大师的权威文艺评论家，

通过他的撰文，将我的作品带到了巴黎，

更扩散到了全世界。

安德烈先生以其高瞻远瞩的视野、细腻深情的文笔，

穿透了我创作的内心世界，

从对历史到未来的预见中，

表露了许多我自己都不曾留意的事件。

他的文字触动了我对大美学、大艺术、全球化文化的认知、感悟与追求。

在我的心中，安德烈先生是一位得道的长者，

是我在海外的挚友与恩师。

今天，我怀着感恩的心，

出版这本将对话、传记、画册融为一体的专集，

表达我对长者与恩师的怀念，

并以此告慰他的在天之灵。

序 二　现代浪漫主义星座中的一颗明星

[法] 安德烈·帕利诺

丁绍光的艺术具有一种超越时空的魅力。

他放射出一种力量，正如敦煌莫高窟中那绚丽多彩、形态各异的佛像壁画一样令人震撼。他的线条具有中国艺术巨匠那种精致的优美感和一丝不苟的准确度，像流星划过苍穹。

丁绍光的作品具有法国古典主义的高雅宁静，而他那色彩斑斓的调色板似乎又有一种野兽派艺术的感觉。

他在日本东京的首次展览获得轰动性的成功。

他是一个中国人。在过去的 50 年中，他的祖国经历了从农业社会到现代文明的变迁，沧海桑田，遭受了成长发展中的种种磨难。这些变迁成为他艺术生命中宝贵的一部分。丁绍光是现代浪漫主义星座中的一颗明星。他的艺术向我们所有的偏见提出了挑战。

他的每一幅绘画都蕴含着一种动人的情感，显露出他高尚的心灵。在他 9 岁时，社会的动荡剥夺了他的母爱。但是，苦难和屈辱阻挡不了他对艺术的追求。他决心冲破现实的桎梏，追求对纯洁、爱情和高雅的梦想。他的激情是理想化的，极富浪漫色彩。

他非凡的才能开出了鲜艳的花朵，而这些才能扎根于高水平的绢本书法传统。他揭示了具有数千年历史的中国线描艺术的秘密。他在画纸的背面也涂上色彩，就如日本版画家栋方志功的作品一样，使用了青翠、朱红等颜料。这种令人炫目的运用色彩的杰出才能，使他早早跻身于世界伟大的艺术家行列之中。

中国的"文化大革命"迫使他离开了云南艺术学院的教职。1980 年，他为尽孝赴美定居。在那里，他与母亲相聚，并踔厉前行，直至成功。他选择了一种展望 21 世纪的理想主义的艺术形式。

丁绍光把自己生活中的甜酸苦辣悉数融入艺术创作之中：动荡不安的艰辛，对逃离现实的渴望，多年来孜孜不倦地从中国远古艺术中吸取精华，以及渐渐由此受到的启迪。这种对艺术的爱和对美的升华使他成为"20 世纪的乔托"。

黄金分割法激发了他的灵感，他那神奇的笔触细腻地描绘出一条条和谐典雅的线条。他凭借着一种难以想象的无与伦比的激情进行着创作，描绘出一个个荣耀无比的理想女性形象。

我们面对的是一位极为卓越的艺术家。

1990 年 3 月 15 日

安德烈·帕利诺简历

（1924.2.20—2006.7.23）

法国人，媒体人、艺术评论家、社会活动家、联合国教科文组织专家顾问

1943—1944年　发行地下报纸《精神的战斗》，参与解放巴黎的行动。

1946年　担任由弗朗西斯克·盖创办的《黎明报》编辑部第一秘书。6—11月同时在弗朗西斯克·盖的办公室工作。弗朗西斯克·盖担任戴高乐将军领导的法兰西共和国临时政府信息总秘书处新闻主任。

1947年　在贸易、重建和城市规划部部长让·莱图尔诺的办公室担任新闻和信息服务工作人员。

1949年　首次与电台合作，对作家科莱特夫人进行了35次采访。

1951年　制作了两期关于艺术家萨尔瓦多·达利的广播访谈。

1951—1967年　担任《艺术》周刊主编。

1952年　制作了15场对超现实主义之父安德烈·布勒东的广播访谈。制作电视节目《纪尧姆·阿波利奈尔永生》。制作7集电视节目《相遇与见证》。

1953年　与伊凡·奥杜阿尔一起主持电视新闻栏目《巴黎人的生活》。与雅克·洛朗共同担任文学评论杂志《巴黎人》的总监。

1953—1956年　为巴黎《不妥协报》文化专栏撰稿。

1955年　为国家频道制作电视节目《向科莱特致敬——科莱特及其笔下的人物》。

1955—1956年　制作《艺术论坛》《超现实主义》《女性与艺术》《绘画艺术》四档电视节目。在沙特莱组织了"波西姆之夜"活动。

1957—1959年　与伊凡·奥杜阿尔共同制作每日电视专栏《一起看看》。

1959年　担任文学与艺术出版公司经理，同时担任该公司出版的报纸《艺术，文学，表演》的总经理兼主编（至1967年）。

1960年　担任卢森堡广播电台主编。

1961年　担任卢森堡广播电台《全景巴黎报》专栏作家。

1963年　与雅克·夏伦索共同为国家频道制作45分钟节目《鲜活的艺术——艺术杂志》。

1963年　发起设立"罗杰·尼米埃奖"。

1964年　与玛丽—法兰西·布里埃共同主持电视节目《提前两小时》。

1966—1968年　制作电视节目《今日艺术》。

1967—1969年　与克洛德·萨米埃尔一起制作电视节目《音乐与艺术》。

1968—1969年　制作电视节目《法国对话》。

1967—1984年　担任《新报》文化版负责人。

1968年　制作电视节目《世界时间的巴黎》。

1968年　创立"法国广告大奖赛"，担任由知名人士组成的评审团主席。

1970—1971年　担任卢森堡广播电台总编辑。

1971—1974年　制作电视节目《艺术论坛》。

1974年　设立"皮埃尔·科尔内特·德·圣西尔国际绘画奖"。

1976年　出版萨尔瓦多·达利的传记作品《萨尔瓦多·达利：无法言说的自白》。

1981年　在出版《画廊艺术》月刊的同时，每周出版《艺术杂志》。

1984年　与法国国家图书馆合作创立"文化海报大奖"，该项目持续至2002年。

1984—1988年　担任国际造型艺术协会（隶属于联合国教科文组织）项目总专员。

1985年　在联合国教科文组织的支持下，与法国巴黎铁路协会合作，组织了"街道的记忆，世界的记忆"展览。

1989年　与法国国家艺术基金会合作，在清田博物馆举办"反抗之墙"展览。

1989年　创立ABICA（国际艺术创作资助协会）。

1989—1995年　担任联合国教科文组织专家顾问。

1991年　成立"雷蒙顿·香榭丽舍—埃里萨斯—拯救富凯协会"。

1996年　组织首届国际美术沙龙，汇集了来自45个国家的创作者的文化海报。

1996年　在布鲁塞尔的卡丹空间组织举办首届"心动"收藏展。

1998年　在联合国教科文组织组织第22届国际艺术和教育电影节研讨会。

1999—2006年　担任诗歌月刊《今日诗人》主编。

2005年　6月，撰写名为《致地球上帝》的遗嘱信。

2006年　6月22日组织诗歌之夜。7月23日在巴黎去世。

目 录

喜悦之蓝

丁绍光独特的作品使我们关注

一种创造性艺术探索的新奇之处，

从他的绘画和灵动的线条风格中，

我们宛若看到了一个民族的嬗变，

并朝向积极的光明处发展，

奔向驱散迷雾的曙光。

丁绍光生命的每个阶段都是探索的关键点，

他的画是具有国际观的，是具有世界性的，

他的艺术，

展示了一个伟大民族正在蝶变的力量，

正带给人们一种喜悦的抚慰！

第一章　中国的明天

人类度过了第二个千禧年，作为具有悠久文明的古老国度——中国，在国际竞争中崭露头角，值得我们从各方面尽力加以研究。其中值得关注的一件事便是中国画家丁绍光的成功，他在全世界各类画廊及博物馆已举办过三百多场画展。

生命中的每一阶段都是探索的关键点

每一关键点都可能生成重大的历史事件，其中的艺术作品、历史人物钩织出现今的文化脉络。对于这一脉络我们应当加以了解，以便超越各种文化的矛盾所造成的困惑。

我们认为，对丁绍光作品的肯定，使我们能够进行一种类比性的解读——正如波洛克在第二次世界大战期间突然崛起的情形。当时，由于战争引发的意外断裂，欧洲艺术对美国的影响骤然中断。与此同时，那些"超现实主义的反叛者"抵达纽约，他们携带着火药般激烈的批判精神，决心摧毁那个已被他们挑战20年的"体系"。

波洛克是位完美的艺术家，1912年出生于美国怀俄明州的科迪市，是兄弟五人中最小的一个。他在亚利桑那州以及加利福尼亚州生活了一段时间，并于1925年进入洛杉矶手工技术大专院校学习。两年之后，他因叛逆而被学校开除。随后他去纽约，在1929年于当地学校再次入学，听了当时艺术学生联合会教授托马斯·哈特两年的课程，成为描写美国生活的地方主义画家（波洛克在1944年娶的妻子李·克拉斯纳也是与他同听这门课的学生）。

墨西哥壁画派

自1931年起，波洛克从沙画和美国印第安人的图腾中窥得原始艺术的奥秘，后来又从墨西哥壁画中得到了启发，他与迭戈·里维拉、大卫·阿尔法罗·西凯罗斯以及1929年至1934年在纽约生活的何塞·克莱门特·奥罗斯科一起进行艺术探索，由此波洛克发现了一种另类艺术。同时，他从参照米开朗琪罗、埃尔·格列柯和丁托列托等人的古典主义开始，将自己的作品定位在抒情和表现个人化的艺术追求。当时北美正值大萧条时期，他的生活极其艰难。

在初期作品如《推车》（1934年）中，波洛克追求的是对氛围的细腻描绘，人们很容易从中发现他对线条和色彩的强烈追求，而在《火焰》（1934年）的构图技巧之中又存在着一种近似抽象的组合。波洛克在《出生》（1938年）中展现了毕加索对他的影响。正如波洛克在壁画作品《联邦艺术计划》（1942年）中呈现的那样，他渴望绘制巨幅壁画，并且对此驾轻就熟，技术高超。他在墨西哥差不多待了一年，在那里他遇到了奥罗斯科并与之合作，两位艺术家产生了历史性的交集。1943年，佩吉·古根海姆在纽约策划了她的首次展览，并委托波洛克创作了一幅大型壁画（现藏于美国爱荷华州爱荷华城的爱荷华艺术学院）。

这一时期，波洛克因酗酒问题开始接受心理治疗，并在此期间结识了为躲避战争而流亡美国的超现实主义者。在1936年纽约的一场重要展览中，超现实主义运动通过安德列·马松、米罗、马克斯·恩斯特等人的作品，鲜明地传递了"无意识至高无上"的理念，他们的艺术与社会"反叛"深刻影响了波洛克的创作方面。

感动的能量

在《母狼》（1943年，纽约现代艺术博物馆收藏）和《巴兹法艾》（1943年，纽约现代艺术博物馆收藏）这两幅作品中，我们可以看到，波洛克这位艺术家已经可以通过具有象征意义的色彩阐释其深层的反抗及爆裂形象，而且可以娴熟地驾驭这一崭新的艺术表现手法。他的夫人李·克拉斯纳收藏的作品——《哥特式》（1944 年）则完全表现出了波洛克对某种迂回曲折笔法的疯癫狂热和近似幻觉般狂暴的视觉节奏，完全放弃了常见的绘画笔法。

《滴画》是波洛克 1947 年的作品。当时波洛克在罐头盒上钻孔，让颜料流淌到平铺在画室地面的画布上。评论家哈罗德·罗森伯格提出"行动绘画"这一术语，强调波洛克的重大突破——尽管看似源于超现实主义的自动创作原理，但他并非追求偶然效果，而是刻意打破传统的画笔、刷子、刮刀的使用方式和垂直固定在画架上的构图表达。波洛克本人曾说："我更爱把画布钉在硬墙或铺在地上作画……这样能更贴近作品，仿佛成为画作的一部分。我可以绕着它走动，从四个方向创作，真正置身于画境之中。"

他坚决摒弃传统绘画的偶然性表达，通过"满幅绘画"彻底颠覆了封闭画框的固有原则，毫不掩饰其表现主义艺术中涌动的暴力且深刻的精神动荡。从《第一号》（1948 年，纽约现代艺术博物馆收藏）到《蓝色立柱》（1953 年，堪培拉国家美术馆收藏），那些交织缠绕的线条与迸溅的颜料构成的语言——犹如一场真正的造型地震仪记录——让我们见证了这位艺术家革命性的创作力量：他以独一无二的符号，刻录下美国正在觉醒的新感知形式的强度，以及整个时代脉搏的共振。他由此成为超越流派、时尚与市场的"人类时间钟摆"，并昭示着未来。

令人瞩目的相似

波洛克以各种奇思妙想，表现了艺术家丰富的创造力。波洛克的作品记录了美国社会的重大变化，令他在艺术史上永留长驻。

伴随着世界的全球化，在这个时代，对精神认知的研究已经超越了生物学探究，并证明了艺术在人类社会中的作用。这使艺术得以脱离现实的商业化及对文化的人为包装炒作，从而超越歧义，直揭作品的本义。现在，我们来回顾丁绍光的生平及艺术道路，着重关注这两位艺术大师之间的异同之处。

当丁绍光 1939 年 10 月 7 日出生时，母亲李湘君（1905 年出生）已经有了三个孩子：儿子绍曾（1931 年出生）、绍渊（1934 年出生）和女儿绍霞（1936 年出生）。此时，日军已经侵入中国的东北和华北，中国的抗日战争已经全面展开。

丁绍光祖籍山西运城，出生在陕西城固。一个月后，他们举家迁至西安，与父亲丁俊生（1903 年出生）相聚。当时丁俊生是国民党官员。就这样，丁家在西安一住就是 7 年，并且有了另外两个孩子——晓云（1942 年出生）和绍雄（1945 年出生）。

在丁绍光的大哥回忆中，母亲十分热情且重感情，父亲公正冷静而和蔼可亲，颇受朋友们的好评。抗日战争结束后，他们举家迁往北平（今北京）。丁绍光的外祖父母都在北平，并且家境优渥。外祖父以经商为生，是一家纽扣厂的老板，他在北平拥有一座极大的宅院，有一百多个房间。这座宅院曾是清代的一座王府。

骨肉分离三十年

1948 年，丁俊生被选为国民政府的国会议员兼监察委员并在南京住了两个月，当时陪同他前往的只有夫人和两个最小的孩子，而其余几个孩子则留在北平继续上学。就在这时，政治风云突变。一天，夫妇俩和两个最小的孩子突然被迫与蒋介石的军队一起上船，去了台湾，从此骨肉分离。当时还是少年的丁绍光失去了爸爸和妈妈。1950 年，最小的弟弟（绍成）出生在台湾。

西方文学的虚构

丁绍光非常孤独，在 11 岁时，他发现了绘画和小说的世界。他先读了些中国古典小说，其中包括《三国演义》和《水浒传》。他的大哥丁绍曾当时 18 岁，所受的是古典文化的教育，鼓励丁绍光读一些当时在图书馆找得到的文学作品，例如巴尔扎克的《人间喜剧》，托尔斯泰的《战争与和平》《安娜·卡列尼娜》，雨果的《悲惨世界》，罗曼·罗兰的《约翰·克里斯朵夫》，以及杰克·伦敦等人的作品，来培养他的文学鉴赏力。此后，丁绍光对于文学的热爱和探索就从未中断过。

后来，丁绍光进了北京第八中学，当时这所学校以苏联式教学体制教学。最初丁绍光听了雷建农老师的课程。学校里，他认识了之后最好的朋友——刘秉江。这两个学生经常在放学之后，一边散步一边讨论自我呈现的灵感之源的问题。1955 年，丁绍光 16 岁，报名进了中央美术学院新创设的高中画室，成了董希文的学生。董希文曾在 1943 年和 1945 年间去了敦煌，临摹了大量石窟内的壁画，并于成都和北京展出了壁画的照片。

1955 年 10 月，墨西哥画家大卫·阿尔法罗·西凯罗斯（当时他还是墨西哥共产党的书记）从莫斯科返回墨西哥，途中顺道访问北京，他要求并经同意参观了古丝绸之路上的云冈石窟佛像。当他看到大佛时，双膝着地跪了下来。回到墨西哥之后，西凯罗斯发表了一封公开信，该信之后在中央美术学院的杂志上刊登了出来。

来自西凯罗斯的启示

当时，丁绍光也看到了这些报道，注意到这些文章强调"墨西哥艺术家和人民群众说的是同一个声音"。丁绍光也被展出的作品、艺术家的介绍以及西凯罗斯的创作风格深深地触动，并开始寻觅这一艺术之源。从此，丁绍光在正规学习课程之外，孜孜不倦地追随这种艺术进行创作探索。至此，我们发现波洛克与丁绍光的创作灵感，都是源于壁画艺术。在这两位年轻艺术家探索艺术的关键时刻，壁画艺术分别对他俩的绘画风格产生了深刻的影响。

中华文明绵延五千余年，创造了汉字、儒学思想、法家思想、道家思想、长城、印刷术、火药以及指南针。中国还从印度引进了佛教，并利用雕版印刷术于公元 868 年印刷出版了年代可考的最早的书籍《金刚经》，现珍藏于大英图书馆。

元朝时期，饥饿和反抗成了历史的主题。马可·波罗在中国的游历成了欧洲对东方最美丽想象的依据。完成环球航行的西方文明的代表——葡萄牙人来到中国东南沿海。明代，传教士教授中国人铸造大炮以便抵抗外族的入侵……丁绍光始终致力于讨论人类历史中最神奇的部分，他关注西方的存在，更关注中国在历史长河中的变迁。

1956 年，丁绍光这位只有 17 岁、刚刚获得中学文凭的年轻人，试图悟出一条能开启他艺术之门的道路。他的老师和同学认为，他应当去中央美术学院深造。当时的中央美术学院是苏联式的现实主义流派占统治地位，但丁绍光满脑子却是西凯罗斯的启迪。他内心的愿望是了解 20 世纪的西方艺术。此时，中央工艺美术学院吸引了他，因为那里有一些曾在欧洲留学的教授授课。于是，虽然中央工艺美术学院的名气没有中央美术学院那么大，但丁绍光还是决定去投考中央工艺美术学院。

与此同时，中国将经历一段深刻的动荡时期。艺术家对独立性的追求和探索与社会自我质疑的动态之间存在着一种奇特的巧合。这一现象促使我们反思西方遵循的价值观，以及我们对当代中国所持有的刻板印象。我们将见证一种线描风格的诞生与发展，这构成了丁绍光艺术探索的核心贡献。通过这种风格，一个民族情感蝶变的历史时刻得以体现——作品独特的美感有着国家自我复兴的完美象征意义。

第二章　激情的诞生

丁绍光回忆道：我在中央工艺美术学院入学考试的创意素描考试中获得了最高分。当时我们有四小时处理画题，画题是一束花。花卉素描当时是我的最强项，虽然我的构图还有商榷之处，但最后我还是被录取了，因为当时我已显示出可以进一步发展的潜力。

设计是中央工艺美术学院当时正在加强的学科，然而就丁绍光而言，更具吸引力的仍是绘画创作，同时他渴望发掘作为一个职业画家的全部才华。在他看来，之前他所接触的老师似乎构成了他理想的源头，例如庞薰琹和张仃。庞薰琹曾在巴黎求学，张仃则因画政治讽刺连环画（抗日和反国民党的）而十分有名。张仃在学院建立之初就被任命为应用艺术学院院长，后来又担任中国传统绘画系主任。尤其值得一提的还有张光宇，由于他在素描方面有着极高的造诣而在当时声名显赫。

当我们请丁绍光回顾其事业源于何处时，他说：是11岁时雷建农老师让我走上了探索艺术真理的道路。雷老师理所当然知道我因父母而遭受困难，每到午餐时，他都会请我在他那狭小而又昏暗的房间吃午饭。他从石膏模型开始教我素描，教我怎样利用动态的"连续线条"进行素描，这一教诲我终生难忘。我还特别感激董希文老师，正是他让我领略了在丝绸之路上发现的洞窟壁画的魅力，我是如此幸运。

当时学院里的教学气氛是怎样的呢？

1957年，我们只有10个学生，真像个大家庭，大部分人来自我原先的那个学校——北京八中，大多是军人的子弟，比我大1岁的张世彦就是其中之一，后来我们成为挚友。

深夜，我们经常讨论好几个小时，讨论最多的是文学。我们经常把作家生平的不同阶段和他们小说中所描写的曲折和逆境进行比较。当时，法国作家罗曼·罗兰对《约翰·克利斯朵夫》中的主人公的顽强性格以及克服生活逆境的描写，深深地吸引着我们。我们在他身上找到了榜样的力量。

当时，我们经常去北京大学和中央美术学院的图书馆。我用了许多时间才找到一些西方艺术家的资料。两年间，我如饥似渴地阅读了这些资料。就这样，我第一次接触到了毕加索和亨利·马蒂斯的作品。当时我真是难以想象的震惊！我也借了一些书回来。我不停地临画，强迫自己去重新发现形式中蕴含的透视力量，甚至为学习这些艺术放弃了画笔，而改用小刀和铁钉。当然，所有这一切都是瞒着院方进行的，这种偷偷摸摸的举动反倒让我乐趣倍增。

我还与同学们一起讨论，我把这种探索活动解释成一种不断对自己学习、发现并使用的东西进行质疑甚至否定的行为。我的这种行为在当时被看作一种新鲜事物而极受好评。可能是太受好评了，我也不知道究竟是谁，可能是学生家长，也有可能是老师或者是图书馆的人，向院方告了密，"有个'不听话'的学生正受西方文学和艺术的毒害"。所幸张仃院长作出了一个对我有利的反应，他请我去了他家，在交谈结束时还借给我他个人的借书证。有了这张借书证，我就可以借阅各式各样的资料了。这样的保护成全了我内心最深处的追求。

从毕加索到达利

这一"自学的阶段"使您得以对现代艺术进行扎实的探索。

当时我还处于绝对自由的状态，我收集了有关毕加索画艺的全部资料，可以说是极为丰富。同时我也十分痴迷于马蒂斯及其野兽派作品、莫迪利亚尼及其作品、保罗·克利及其研究、米罗及其调色板、超现实主义天才画家达利及其"柔软的手表"、让·杜布菲和加斯东·夏萨克。是他们说服了我，让我在艺术上拥有与他们相同的看法。

我想，当时我极为频繁地接触这些艺术家的作品，甚至可以说他们已成了我的密友。虽说这对我这样一个年轻艺术家的成长必不可少，但在当时那种艰苦的生活条件下，我像个真正的苦行僧。也正因如此，我在绘画方面得到启蒙，造就了我的绘画语言以及如今拥有真实力量的线条。我重复一下，要超越当时的错觉，要超越当时盛行于学院里、困扰并让艺术窒息的空话和做作，这样的辛苦是不可或缺的。

您在这一时期已受到了欧洲艺术的影响吗？

我从实际事物以及这些事物所具有的探索精神中把握到它的存在，并且那些也曾是边缘人的艺术大师都有过这种探索精神。当时，对于我来说，这还是一种启蒙。当然，这一启蒙以后就发展到对我以前接触到的里维拉、奥罗斯科和西凯罗斯等人的墨西哥壁画作品的分析上。那时，他们的作品只是以摄影的形式在北京展出过。壁画艺术的生命力及风格都与我的内心追求相符。这种现代手法的精髓恰似一道强光，一下子使我对中国莫高窟佛洞壁画这一文化遗产豁然开朗。对于这一文化遗产，我从著名画家张大千那里得到过一些领悟。张大千曾与其他几位画家一起对莫高窟佛洞壁画进行了虔诚的临摹。

我当时的感觉是，几年的收获放在一起像一个错综复杂的拼图板，课程内容以及在其他方面所受的训练开始变得有意义起来。我变得热情洋溢，同时也变得越来越好奇和渴求。

中国少数民族艺术

于是您便决定进行自己的创作活动吗？

我几乎忘记了我们正生活在困难时期。我讨论、画画、临摹，以便让大家共享我的发现。

当时老师们的反应是怎样的？

当谈到毕加索时，因为他极具影响力，即便在当时也是无可否认的，而且他的政治倾向为人所共知，所以，他们还能接受我对毕加索作品的评论。我对历史上其他一些有名画家作品的评论他们也可以接受。

显而易见的是，他们中很少有人能够教授和评论西方当代艺术家的创作方法，这使得他们更难理解我的观点，他们担心这些观点可能带来的风险。

在这些老师中，最感兴趣的是教授中国古代和民间艺术，特别是少数民族艺术的张光宇。他个人研究了很多图案，这些图案现都可以用于他自己的作品。他教给我分析的原理和将它们记录下来的编码系统。我还得感谢他鼓励我去云南寻觅历史遗迹并收集毕业论文的素材。

在最基础的教学框架内，我对雷建农老师教授的"连续线条"的风格产生了冲动。还要感谢张光宇对我在"线条"使用上的技术帮助，我多年来一直致力于此，最终完成了一种可以称为表达风格的发现。

线条的完美

您是否想通过您的观察指出，这种对线条完美掌握的惊人的能力，从一开始就得到了您的老师们的认可？

这样说吧，我很快走上一条正确的道路，我想将某种艺术风格发扬到至善至美，这条道路让我掌握了这一艺术的主要基础。我11岁时学习了"连续线条"，17岁时学习了线描。我明白我必须把握这种造型手法，这样我才能最终创作出自己想要的图案。

我的第一个大型作品系列是《百花》，其形式只用粗黑线条构成。在该系列作品完成之后，我就回忆起张光宇对我的教诲，我感激不尽。他说："只有两条线，一条是垂直线，另一条是水平线。水平线可以表现安静和死亡，垂直线象征生命。垂直线可以变化，当需要变化时，人们会将这两条线交集在一起，平行线不表示变化。"

这说起来简单，但在具体绘画时则要复杂得多。我自己在绘画中对平行水平线用得很多，这就是为什么我的画给人一种平静的感觉的原因。

这种寻求线条组合的努力涉及伦理道德的范畴，而且需要艺术家全心全意的投入。最好的答案无疑可以在我们祖先的洞穴壁画和墨西哥壁画家的创作方法中找到。

苗族妇女面孔的魅力

如果您就老师们授课带给您的帮助和影响展开一下的话，您又会列出谁呢？

我在前面已经提到了庞薰琹，他以前曾在巴黎留学。后来，他在研究少数民族的传统艺术中得到了对自我艺术的完善。国家博物馆甚至向他订购了一套描绘贵州苗族人民的绣花和服饰作品。他的这些工作对他产生了很大的影响，最后被他以"无名艺术历史"来定义这一种研究道路。这是一种也曾给我很大影响的、与张光宇相近的艺术手法。庞薰琹对无名艺术的研究，尤使我获益匪浅。他收集了大量的系列古代肖像、风景、静物。我特别要提到的是苗族妇女面孔的魅力，它激发我追求女性美并给我以灵感，而伟大的中国祖先艺术则早已对这种美进行了颂扬，直至装饰精神，它融入了最令人惊叹的想象结构。西方的文艺复兴、达·芬奇、米开朗琪罗以及 19 世纪的浪漫主义，都曾有过类似的追求。这些风格极具价值，极大地丰富了我的认知。

那位在不同情况下曾多次给予您鼓励的张仃，宣称您也是他最喜欢的学生。就他对您的影响，您可以作些什么样的评论？

他那强烈的个性给我留下最美好的回忆。他曾经保护并拯救了我，这我已经说过了。他很勇敢，当时他揭露了苏联教学法在艺术界的专横。

1958 年，他曾和毕加索会面，他还拍了一张二人在巴黎会面的照片，后来他托我保管这张照片，我至今还珍藏着。我当时刚刚发现这位西方艺术大师作品的重要性，因此在我眼里，和他交往的张仃就更显得崇高。那时，他陪同一位中国政府代表向毕加索赠送了一艘精致的象牙雕刻船。在张仃看来，这很像一件旅游礼品。在政府代表完成其使命后，张仃拿出了一张他在国内某条街上购买的贺卡，赠送给毕加索。贺卡上画的是一个挂在门上的门神，据说毕加索拿到之后高兴极了。

我应该感谢张仃在我学业接近结束时，安排我们去云南做了几次短期的旅行，并在西双版纳地区教我们素描那令我陶醉的风景。

我还要谈谈在我毕业时他对我的帮助。那时，一些老师觉得我"太西方化"并对我进行了批判，而他及时阻止了他们。我终生难忘和感激他对我的保护。

趁我们回忆老师并对他们表示敬意之时，我也想谈一下另一位年轻的老师——袁运甫，他只比我大 7 岁，后来，他成了我最好的朋友。我和他无话不谈，当我在云南组织第一次个人画展、筹划第一本个人现代绘画专集时，他给予了我弥足珍贵的帮助。

在学院生活的 5 年时间，给您留下了什么样的回忆？

对我来说，从早上开始工作就是一种乐趣，我们的讨论一直持续到深夜。对话和思想启迪对于定义思想的真实性至关重要。只有通过质疑所有价值观的思想共同体，才能形成一致的观点。学校是通过交流发现自己的道路、身份和差异的完美平台。当然，必须忠诚、积极，说真话。我一直是这样做的。大家彼此友好，每个人都了解他人的工作。我们不会回避批评。无论是在课堂上还是在课间休息时，合作精神都在蓬勃发展。

老师们和我的关系很好，甚至可以说是朋友关系。我当时的感觉是，有些老师，像张仃，对我们就像对自己的孩子一样。我十分感激他们对我的教导，这使我的技艺日臻完善，使我的知识精练准确。

我和袁运甫情同兄弟，而且我离开学院之后，这种关系也一直延续着。我很高兴他能喜欢我的绘画风格。总而言之，这些人给予我的支持甚或批评让我感到骄傲。从中，我体会到一种十分珍贵的友好感情。

写实画

您在大学课程之外，又是怎样表现您对现实的发现的？

大学四年级时，我们的确要学"写实画"。我们做毕业论文创作也必须出去旅行，以便找到一个地方作为速写和绘画的实习基地。

考虑到必须研究自己国家有价值的艺术，加上我越来越坚定的对壁画派艺术的兴趣，我决定乞灵于黄河，画一幅巨型壁画。我考虑主要是要找到一些灵异的图案，连同我对巨幅绘画以及线条和色彩的兴趣，现实地描绘自然，同时反映历史的某个瞬间和我个人的情感，这也是对我个人的收获、能力及思想的一次测试。

贫困的极限

直到现在我仍然记得当时面对饥荒灾难时，我内心强烈的情绪。我僵立在黄河前，黄河的力量加剧了我的痛苦。我将这滔天巨浪看成我们软弱和无力承担责任的明证。在日常生活中，正如人们所说，我们采纳了错误的思想！我发现过去的辉煌美德，成为记忆中的参照。汉朝时期有一位明君以德治国，废除了禁书法令；或者唐朝，它幅员辽阔并推广丝绸和瓷器的贸易。那么，当时悲惨的状况意味着什么？是什么样的谴责？我感觉黄河充满了泥沙。我们仿佛回到了宋末元初，当时的中国正处于衰败之中，饥荒和叛乱并存。

我放弃了现实主义

这一事件影响了您更深层的艺术尝试？

我一连好几个小时站在那边，注视着黄河，黄河像静止了一般。当时我问自己，我们是否对进步失去信心了？在我看来，我的画在发出某种挑战。我回到北京后，与张光宇有过一次长谈。这次交谈是决定性的。我放弃了表达民族精神的现实主义绘画，并最终选择了"为艺术的艺术"，也就是唯美主义的艺术。

从造型艺术和伦理意义上看，这一选择意味着什么呢？

我一边听着我敬爱的老师的叙述，一边想象着他在奇异景象中遇到的人们的生动形象，在那里人们不知饥饿为何物。我想象自己处在高更式的透视之中，直达其热带探险的旅途中心，感到如同新生！我决定启程前往这一待开发的省份，我学着庞薰琹的样子，去寻觅生活在田野里的少数民族农民的丰富造型。不幸的是，我犯了一个大错误，学院给我的预算已经用完，后来是张光宇资助了我旅行的费用，我至今仍对他不胜感激。我的这次出游去了6个月，而它铸造了我的精神性格，如同我在一本书中所写的那样：向云南前进的途中，我渐渐感受到终于对中国有所了解了。这是我第一次南下，一路都坐火车，而且每到一站我都稍作停留。这次南下游历颇费时日，当我到达时，以为自己来到了非常美丽而又宁静的另一个世界。这次经历对我的创作产生了十分重大的影响。从那时候起，我开始发现自己。我找到了自己特有的宁静，以前有很多东西会让我兴奋、激动，但现在，我找到了我的宁静。

画出"事物的灵魂"

这一经历的实际影响是什么？

我发现了"事物的灵魂"。开始时，我觉得自己投入一片绿色的深处，觉得这一片绿厚重、繁茂、均匀不变，是一望无际的森林，森林中有许多巨树，它们好像全部被压垮了似的。我只管坐在那里凝视着这一片景色。有时，我会在同一个地方待上四五个小时，一动不动，凝视。结果，经过长时间的观察，我开始体会到这些树充满着意义，每棵树都有自己至关重要之处。这对我来说，就好像我看着一个人，突然发现了他的眼睛。在这繁茂和绿的波动中，我找到了眼睛。

我花了半年专注于形式，深化我的色彩，或"寻找眼睛"。对我来说，这种观察是一份记忆文件（我称之为"存在性"），这段记忆决定了我所有的选择。

归来之后，我向张光宇叙述了这一经历，并谈到我寻觅"树"，寻觅树叶、树和植物。听完我的叙述，他又激动又高兴，还拥抱了我。而且，在我把从云南之行带回来的中国水墨画交给他时，他把挂在小房间里的自己的画拿了下来，把我的画挂了上去。这对于我来说，是最美妙的奖赏，因为这可是我第一次被老师夸奖啊！

您在学院的学业是怎样结束的？

当时，一方面我的缺席时间已经超过了预定的日期，另一方面我还得为我的毕业论文提供一幅能够证明我学习情况的重要作品。于是我完成了一幅色彩丰富的插画，用于傣族人民一首长诗的插图。这幅插图包含了双性同体的人物。有些老师很难理解，他们提出该作品的表现形式"过于西方化"，严重偏离教育要求的结果——"革命现实主义"。他们批判我的主题是想强调某个少数民族的生活瞬间。一场围绕"主题使用不当"的争论就这样展开了。当时，我的三位老师对我给予了大力支持，其中就有张仃老师。我在 1962 年得到了我的毕业文凭，那年我 23 岁。

对悲剧令人惊叹的回应

丁绍光的一席话，十分准确地描述了他的创作轨迹、本质特点及其渊源，正是这种渊源决定了他对灵感及表现艺术理论的严格要求。我们可以体会到是什么促使艺术家的个性得以整合，促使他的观察力得以启迪。但是，要想判定丁绍光这位天才吸引人的魅力所在，我们必须强调指出其主要方面，那就是他被家庭抛弃，他在少年、青年、成年时期所经历的各种磨难，以及最终他在创作中坚强起来的经历。我们应当承认，他的作品是一种对须竭尽全力才能克服的巨大痛苦的令人惊叹的回应。

丁绍光的父母自 1948 年远赴台湾后，就再无音讯。接下来，我们将看到丁绍光如何通过理想主题的选择和无与伦比的线条之美，抹去坎坷命运带给他的深沉的阴影。通过充满情感的构图，他深入"存在"的最深处，苦难似乎被他所创造的图像超越，这些图像将"少"转化为"多"，并将心理学家可能认为是负面效应的东西转化为一种清晰肯定的力量，表现为纯粹的生活激情。

他的作品似乎总有一种神秘的力量，仿佛变成了一曲极为和谐的音乐，揭示了关于生命的意义，具有着探寻确切真理的强烈意识。他的艺术是对命运的一种胜利，这或许可以被欣赏其作品的爱好者们感受到。

希望之蓝

丁绍光的作品有一股让人改变逆境的哲理力量。

在他亲身经历过的剧烈动荡的"文革"时代，

他经受过孤独和迫害的考验，

在佛教绚烂辉煌的艺术洗涤下，

重获对绘画艺术的领悟。

正如他所说的：我不需要任何外界压力，

我甚至知道如何抵制它们，

自那以后，我认识到了我的灵感之源。

他在作品中，

为我们展现出一种惊人的创造力，

表现了一个民族的发展意识。

我们对未来充满希望，

在走向现代文明这条崎岖的路上，

总能给予正面的能量。

第三章　天高皇帝远（1962—1970年）

1962 年，您被分配到云南艺术学院担任美术教师。这次分配使您离开了北京这块艺术高地，同时也是您之前一直生活的地方。

我在最糟糕的情况下获得自由。可以说，这个分配对我是再适合不过的了。当时，能留在首都担任教师的人数极为有限，而我在别人眼里是一个桀骜不驯的学生，几乎到了不能获得教师资格的地步。

在我看来，远行对我来说是极为有益的。中国古人用"天高皇帝远"来形容跟权力中心保持一段距离的好处。昔日在异域自然风光中度过的逍遥时光涌入脑海。我怀着浓厚的兴趣，想着去昆明重觅密林深处的"眼睛"，仿佛珍贵的交流能够即刻再续。我全部的情感，我全部潜藏着的爱，找到了抒发的地方。我觉得自己全心全意地爱着大自然，它就像父亲或母亲，就像一个与我心心相印的端庄女子，温柔地凝视着我的双眼，字字句句跟我灵犀相通。

您回忆这一时期就如同诉说一个爱情故事。

我和繁树密林的回忆就是一个极为细腻而动情的故事。在意识与躯体的延伸中，我犹如沉浸于生动的线条之中。我完全融入了自然的深邃。我的画似乎照映着这无尽的欢愉。

听着您的叙述，人们可以相信，您在这异域情调的景色中，找到了摆脱深重孤独感的答案。它就像一种召唤，可以抹去您的种种痛苦，您将全心全意地投入爱的情感之中。

我曾经在西双版纳认识了一位年轻的傣族姑娘。我怀着满心的信念与决心，一直期盼着能再见到她，而我却被分配到了昆明，这愿望只能落空。对我而言，那儿只剩下森林与我相伴！几年后，当我有幸再度与她相逢时，她已成婚，已为人母，繁重的家务压弯了她的腰。我面前只有一个精疲力竭的妇女。唯一不变的，是仍占据着我整个记忆的那个理想化的故事，它

赋予了我无穷的灵感。

您的观察如此自然、如此真挚，表明您正在向我们传达一个深刻的真理，告诉我们您是怎样抵抗生命中最艰苦的磨难，逐步将种种艰难险阻化为灵感的源泉。您的作品似乎就有一种让人改变逆境的哲理力量。

每个人都是孤独的，编织着自己的生活线条。当异域的大自然将其丰富与敏锐展现在我眼前时，那种心灵撞击并不亚于此前我在黄河沿岸所感受到的震撼。当时，瘟疫般的饥饿正吞噬着那里的村庄，而错误使一切更为恐怖。我已经对一场悲剧有了观察。异域森林犹如魔法般，带给我生命力量的回应。

一场深刻的蜕变

让我们审视您艺术表达的独特气质吧。您似乎正在实现一场深刻的蜕变——既体现出拒绝接受最糟糕境遇的坚韧力量，又能够将命运本身所剥夺的东西投射为一种理想形象，正如那位傣族少女圣洁的面容，象征着希望永存。您为我们呈现的，是一种作为生存本能反应的崇高梦境。

很显然，当时的情况构成了我愿景的核心观念。我绘画创作的动力就在此刻诞生了。

我想强调这种真正的精神和敏感性练习的重要性，它阐明了您灵感的原创性，并强调了您的作品的维度，作为整个时代的典范实现了象征意义。数以百万计的人正在经历时代变迁的影响——这是整个中国的教训，也是西方世界的教训。当然，目前还没有人知道，但是让我们记录下这一现象的诞生。不过，我们必须对您在教学和研究方面享有的相对自由感到高兴。

在云南艺术学院的三年，我教素描、中国水墨画、木刻及布面色彩，

可谓乐在其中。而且，我边学边实践。学生们兴趣盎然，我也努力将自己所有的收获仔细地传授给他们。

面对杰作

1966 年，由于当时特殊的原因，我搭乘火车到了甘肃。我素闻那里有众多佛教寺庙，便想去看看著名的麦积山石窟。同伴的渊博学识令人惊叹，我们很快成了好朋友。我们屏息凝视，欣赏着石窟内的艺术品，心神激荡，久久不停。这实在是生命中极其重要的经历。当时，我十年来一直梦想着，有朝一日能够面对这些不朽杰作，亲手触摸它们，欣赏它们最细微之处，尽情地玩味琢磨。这令人心醉神迷的奇观在我内心深处烙下了不可磨灭的印记。

这一系列事件，加上穿越被饥荒蹂躏的省份——您沿着黄河行进的旅程让您震惊，并导致您拒绝政治艺术；您与在森林中遇到的年轻傣族女子的疏远，引导您进入一个理想化的梦想；您逃离昆明以避免受困；然后，您体验到佛教艺术的辉煌，仿佛参加了一场弥撒——这些构成了一个高潮，必须明白这个高潮才能理解您灵感的完整性和特征。

最重要的是，在情感层面上，我尤其会记住，在恐惧和逃亡之后，您进入古代艺术殿堂，在那里"体验"了中国哲学中最具吸引力的信息。可以认为，当您掌握了您的绘画技术时，您就已经自愿理解了一种真正的造型文化，这种真正的启蒙苦修赋予了您创作手法的灵魂。对佛教艺术的探索正值关键时刻，是艺术和思想的原型塑造了您的创造天赋。您刚刚提到了对造型和伦理结构的重要认识，这些结构要求我们超越周围逆境的障碍。我们将保留这次启示的记忆，它无疑丰富了您的艺术源泉，将您的每一件作品转化为现在已得到肯定的您的整个人格的展示。可以更进一步

说：您只是芸芸众生中的一个，但在整个国家寻找自我、质疑自我，面对过去并经历一场令人惊叹的文化生存体验时，您用您的作品记录下这个非凡时刻，将记录伟大变化的画面展现给世人。

在我的记忆中，永远保存着麦积山石窟美轮美奂的图案。真实因简洁鲜明而存在，令我深信它是永恒的。每当我探寻真实的美时，麦积山石窟便浮现在我的脑海里。接着我便想要参观敦煌附近的莫高窟，以继续我的研究。因为西凯罗斯，在我的眼中，莫高窟早在 11 年前就已是艺术圣地了。为此，我步行、坐火车，不辞辛苦，赶去朝圣。这在我的探险经历中是决定性的时刻：敦煌与麦积山石窟的壁画，以我自己的眼光看来，事实上是非常现代的。我以为自己看到了鲁奥的作品，带有被严肃勾勒的美。我忘却了尘世的喧嚣纷乱，沉浸于古老的艺术之中。

这次远行长达 6 个月。这时，从报纸和人们的议论中，我隐约听说红卫兵的肆虐目标已从知识分子及高校转移到了政界人士。我便毅然决定，无论风险多大，我要回北京寻找往日的恩师。

看着您的作品中光辉、热烈的色彩，以及您塑造人物体和构图所用的如此纯洁的线条，人们很难想象这些作品竟创作于黑夜。

在十几年中，我狭小的画室总是挤满了学生。他们经常来此讨论我们这些画家的未来，言语中激情洋溢。多少次我们提出与西方艺术之间的联系问题！夜间的时间总是太短暂了。数周间，聚会的次数不断增多。被放逐到昆明的艺术家增多，有机会相聚令我们感到非常幸福，彼此交流坚定了我们的信念，并鼓舞我们追求共同的希望。我们都感到我们肩负着中国的未来。我想，我正是从这种力量中看到了光明。

我成功地和学院领导建立起轻松的关系，整体的气氛开始有所改变。越来越多的学生从四川、浙江和北京会聚于此，交流他们的论文与作品，

并带来了他们对艺术未来的贡献，这一切让我们更加乐观。

我是自己唯一的评判人。

人际关系无疑对您天才般的能力的发展是有益的，我或许可以说，这增强了您的权威。从创作方面来说，我们可以得出什么结论？

我是为自己学画的。我获得了属于自己的绘画手段、主题、色彩运用，并形成了自己的线描创作方法。我不需要任何外界压力，我甚至知道如何抵抗它们。自那以后，我认识到了我的灵感之源。我相信，当年那个连续数周每夜热情专注地临摹米开朗琪罗雕塑作品，并以此坚定其艺术志向的人，已对这位大师的绘画技巧有了一定的认识。但是，如若没有经受过考验，我是永远不会有时间和意识将我的绘画水平发展至如此境界的。我只对自己负责，我对自己的要求亦与日俱增。我只由自己评判，我真正开始了与我视为榜样的天才们的竞赛。与此同时，我还必须解决每天的生存问题。为了能不停地工作，必须要填饱肚子。我渐渐学会了操持贫困的生活。

需要补充的是，我们这些人从我们共同的决心及对鲜活的艺术价值坚定的信仰中生出了信念。人们也许会认为，我躲进了梦想的造型世界中，只为在严酷的现实里保护自己，苟全性命。事实上，我是在表达一种抵抗与信仰的理想。美是我们热爱生活的起点，在我眼里，从那以后再没有什么能让我对此产生怀疑，而莫高窟壁画的神奇线条将永远是我的理想。

自由之蓝

怀着对自由的爱，丁绍光与画界同好成立了"申社"，

它把每个艺术家本身特有的个性，

融入以同一步调共同前进的想法和意愿之中，

给现代化的意愿提供一种个性化的贡献。

一群有梦想的艺术家，怀着勇气，

可以自由选择画法绘出作品，这是何等的自由浪漫。

到了美国的丁绍光，和失散多年的母亲见面，得以全家团圆，

从这一时期的画里，我们看到的丁绍光，

以最令人热情洋溢的主题，绘出理想的造型和形象，

超脱了一切俗世的痛苦烦恼。

第四章　百花齐放（1976—1980年）

申社

　　1976 年毛泽东的逝世和"四人帮"的倒台，是当时极具影响力的事件。即使在昆明，人们也可以感受到吧？

　　是的，这种感受很强烈。在此之前，我们曾以夜间集会作为我们的抵抗活动。我们热烈讨论，各抒己见，用言语和画笔不断表现自身艺术见解的演变。

　　我们曾和邻近城市艺校的老师建立联系，如贵州艺术学院与重庆艺术学院，当然，这一举动是极为谨慎和小心的。我们很快发现，与同伴们所做的工作相比，我们已经超前。我们的探索活动在始终为学院派模式所统治的地方，显得相当"前卫"。

　　所有人都把我们看作"表现主义"学派的代表，其中每个人都坚持自身的独特性。无疑，他们都被现代主义与创新意识所吸引，并对此留下深刻印象。

　　我们想请那些与我们偶遇的艺术家同行。艺术应当进步，而且要表现感觉中的"新"。必须拿出作品，而不仅仅是只展开一些讨论。艺术上的"百花齐放"就是为了促进探索和创新。在那些扭曲的不正常的年代，我们只有在夜晚才能自由地表达。而现在，我们终于可以在光天化日之下进行新的尝试了。

　　那是对我们的艺术思想发展极为重要的一个阶段。每个人都欢欣鼓舞，重新燃起希望。

昆明的艺术民主

当时，您的作用是什么？

　　20 世纪 60 年代初，离开首都远赴昆明的 20 位青年艺术家中，我是第一个。自然而然，我成了领导者。我对艺术的认识、执着与乐观渐渐地为我的同伴们所认可。从 1964 年起，我就梦想着在昆明组建一个艺术家联合会。那时，大家都很年轻，对此满怀期望。"文化大革命"致使这个计划被迫推迟了 15 年。1979 年我们的想法才得以具体化，我们成立了名为"申社"的艺术家联合会。事实上，"申社"意味着它是日暮的社会、呼吁正义的社会、启蒙的社会，每个成员都表达了各自的梦想与雄心。我认为，这一聚会值得注意，它是一种对艺术民主的肯定，它把每个艺术家本身特有的个性融入以同一步调共同前进的想法和意愿之中。

成立申社的官方目的是什么？

　　主要有两个目的：首先，聚集所有在云南的杰出艺术家；其次，肯定现代艺术在中国的存在。当然，为了成为联合会成员而屈从某种艺术风格，完全没有必要。我甚至可以这样说，这样做是为了给现代化的意愿提供一种个性化的贡献。

　　我们在一起的规定之一是拒斥艺术中的所有非艺术企图。这是一个大型的联合会，很快就成了规则明确的联合会。我们在同伴中挑选了二十余名成员，挑选标准极为严格。献身现代绘画，是我们对联合会的每一位艺术家的唯一要求。他必须通过自己钟爱的风格进行表现。我们很快发现我们中间没有一个人的艺术表现手法是与别人雷同的，每个人都在造型艺术中探索自己的路。怀着对自由的爱，我们最大的共同之处是，渴望自由地展出我们的作品——那些"我们"，不再需要自我辩护，不用回答质疑，可以自由选择画法而绘出的作品。那该是何等的革新创举、何等的乐趣啊！

你们的第一次画展是如何安排的？

　　我们的首次画展获准于 1980 年 7 月举行。我们公布了画展日程表和联合会的成员名单。

以"申社首次画展"为名，23 位艺术家在云南博物馆展出了 120 幅绘画及雕刻作品。从此，云南画派在全国艺术界声名鹊起。当时我们并没有任何主题或口号，然而作品本身的光影足以引起观众的注意。

您当时展出了什么画作？

仅一幅画，一幅小小的水墨画作品。它重现了西双版纳一条名为"流沙河"（意为裹挟沙砾的河流）的河流景象的意境。在获准实施数月后北京的壁画项目前，我已精心完成了 29 幅素描稿，展出的是其中之一。

您这幅画的确切主题是什么？

这幅画的灵感来自吴承恩的著作《西游记》：几个欲前往印度的朝圣者，沿河前行。河流两岸树影婆娑，倒映于远逝的河水之上，他们邂逅少数民族居民以及宁静的仙鹤。我对故事中的主角深感钦佩，他敢于进入未知世界，经历一系列冒险，最后皈依佛教。其实，我所描绘的是对未知的挑战。

在您看来，云南画派的重要性何在？

"云南画派"这一称谓并不是我率先提出的。那是在 20 世纪 80 年代，北京的人们对这批来自偏远省份的艺术家的称谓。同样，我也认为，无论是巴黎还是纽约，人们都用这个词语来称呼昆明画家的独特风格。

欣赏了您的作品之后，我认为您已对很多造型艺术家产生了影响。您几乎运用了所有的绘画技巧，但灵感之源却与众不同。

我钟爱中国画的线描，喜用绵密的色彩。在云南创作的绘画主题中，我找到了一些非常吸引我的形式，正是这些形式让我得以表达一种感觉。我的画家朋友们分享了这种感觉，并像我一样，以一种同时性多重视角，把绵密的色彩融入以风景为主的绘画之中。

新浪漫主义

您如何看待这次革新？

我可以说，在很多地方，譬如香港，在所有画廊的墙上，都挂满了具有云南风格的作品。而且很快，现代的绵密色调处理手法成了聚合我们的标志。云南画派让人联想起热带丛林以及当地各种与众不同的民族。我想，当时我们是以一种新浪漫主义的表现方式出现的：一群贴上"梦想"标签的艺术家，怀着某种勇气，耐住 20 年寂寞，终于得以拨云见日。

那么，昆明本地的情况又如何？

几乎对所有在那儿工作过的画家来说，成功是出人意料的。能亲眼看见联合会的成立以及很快便构筑起良好的沟通渠道，实在是个意想不到的进步。

再说，昆明的明媚风光，确实值得那些痴情的画家执着地予以再现。在公众眼里，来自异域的灵感是真正的诱惑。正因为远离首都，我们可以自由地选择主题，表达我们的情感和赞美。在某种程度上，我们的声誉推动了行为。不久，我们得以在昆明举办了一定数量的画展。就我而言，永远都是美妙无比的。我想我可以说，在礼赞这片土地、表达众多艺术家的友谊与才华的同时，中国画的伟大复兴在那儿找到了一点源头。

父亲在台湾逝世

就在那时，我得知父亲不久前在中国台湾去世的消息，而母亲则在美国等我。我决定离开中国，与她重聚。

我在出国前，首先要确保联合会在昆明能够继续展开活动。姚中华，我的一位朋友，搜集了画展所需的全部作品。我被任命为"名誉主席"。

我展出的那幅小型水墨画，是奉命为北京人民大会堂所作的装饰壁画画的29幅小样之一。它在当时的文化背景中成为一个崭新的契机。我认为，就在我动身之前，已经完成了交由我构思的装饰画中最精致细腻的作品之一，真正展现了我的最高水平。与此同时，我们为了画展网罗了一系列品质不凡的作品。随着同伴们的画作日日添入，我可以断言，我们的观念与艺术风格已在相互探讨与工作中得到了显著的进步。从云南画派诞生的绘画语境中，人们可以发现真正现代的特点。我在出国前能得到这样无声的承认，真是莫大的安慰。

当时，官僚主义作风还比较严重，我为办妥手续而不得不终日奔波，尽管那时社会已表现出一些开放的意愿，但我仍不得不克服众多困难。无疑，良好的愿望想落实到行动是极其困难的，我也许是少数一些首先证实了这一点的人之一。

最后一次，我满怀无限的热情，沉浸于令我魂牵梦绕的丛林异域风情之中。丛林使我幻想，并总能给予我灵感，就仿佛凝视着挚爱的脸庞，我想象着下一刻的分离，唯恐将永难重觅这份令人心神荡漾的风韵与神采。

我曾经梦见过马蒂斯

您能谈谈当时的担忧吗？

我的期望与我对未来的困惑同样深切。面对未知的眩晕，很快转化成了最强烈的好奇心。当时，我又成为一个即将去实现自己最真切的承诺的艺术家。

我曾梦见过亨利·马蒂斯，梦见过他纯净的线条和童真的目光；莫迪利亚尼造型逻辑的精细让我着迷；胡安·米罗画中的神秘和自由让我深思；保罗·克利那些纪念碑式的形式创造吸引着我；让·杜布菲的纹理对我来说就像一座迷宫；达利那比真实更真实的画作让我着迷……我将得以直面现代艺术最辉煌的杰作，如同面对一场爱的狂喜。我曾多次临摹毕加索的透视技法，现在我将细细地品味它们。

对我来说，这是真正发现新世界的旅程，一个我在精神上一直受其滋养的传奇世界。

您将要发现美国！

是的，这件事激发了我。我马上就要去认识这片天地了。从我童年时起，就有人把它描绘成我们的对手和挑战者。人们批判它，说它是一个所有矛盾的集中地，一个所谓的自由社会。那时，我们阅读《毛主席语录》，并遵循毛泽东的思想。《毛主席语录》给予了我们思考的方法，并强调：人类的认识总是这样循环往复地进行，而每一次的循环（只要是严格的按照科学的方法）都可以使人类的认识提高一步，使人类的认识不断地深化。教条主义者在这个问题上的错误就是：一方面，不懂得必须研究矛盾的特殊性，只有认识个别事物的特殊本质，才可充分地认识矛盾的普遍性，充分地认识诸多事物的共同本质；另一方面，不懂得在我们认识了事物的共同本质之后，还必须继续研究那些尚未深入地研究过或者新冒出来的具体的事物。我将能验证人们曾经想灌输给我的论断是否根据充分，认识"美国世界"的特殊本质，认识现代自由与金钱至上在他们心中的重要地位，认识这个作为个性战胜共性之具体代表的国家。

当然，我不禁自问，像我这样身无分文而又无处立足的人，将受到怎样的待遇。

那时的我刚过知天命之年。我能够列出未来的诸多障碍，而且，这些障碍肯定会给我带来很多的麻烦。虽然如此，我仍心潮澎湃，因为，我的主要想法是我就要发现真实的美国。

第五章 怀揣20美元，我来到了美国
（1980—1990年）

初到美国，我怀里只揣着 20 美元，语言也不通，很难想象还有比这窘困的境地。令人喜出望外的是，我很快就切身感受到了同胞手足之情。我迅速和洛杉矶的一个社团取得了联系，要不是他们，我恐怕连生活都难以维持。绘画是我唯一的资本。很快，我卖出了一些表现我绘画技巧的作品，并惊讶地发现，我的作品在华人圈中并非无人知晓。我的第一批顾客都是富有的华人。可以说，是这些同胞在异乡向我伸出温暖的手，为我打开了通往职业艺术生涯的大门。

有人向我发出邀请，在一所大学举办画展，随后是在一家银行……我开始小有名气。首次重要展览在洛杉矶的邦克希尔艺术公司举办，大获成功。后来，少数民族艺术家发展基金会给我带来更多机遇。艺术界向我敞开了大门。

您就好比刚发现了美洲新大陆！

当时，我还认识了众多可以说是"少数民族"的艺术家，有西班牙人，也有黑人。他们在工作中激励了我。他们的亲切态度和专业建议，对我深入这复杂曲折的新世界，理解其特征，是弥足珍贵的。

您当时仍然不会讲英语吗？

那是一个很有意思的时期。我用肢体语言来表达，并通过绘画来描述那些难以表达的东西。尽管语言不通，我仍然专心致志地倾听对方。大多数情况下，我们都能彼此明白。就这样，仅用了几个月，我就能用语言沟通。

不久，我意识到，客人们对我的工作很感兴趣。他们提议，由我在加利福尼亚大学洛杉矶分校主讲一门课——国画。而这一切之所以可行的唯一基础是我依靠绘画表现技巧而展现的沟通能力。课堂上的情形十分有趣，尤其是那些学生，他们靠眼睛和记忆来听课，丝毫不敢松懈。

"找回母亲"

您是如何融入美国社会的？

1984 年，我终于有能力购买住房，和我的母亲同住，还把我的妻子和两个女儿接到美国。这是一个重回家庭生活的伟大时刻，甚至可以说，它意味着我已战胜了困境。一场新的体验开始了。

正当中国以市场经济为社会生活新体制之际，您来到了美国，这是一个很有意思的巧合，不是吗？

加利福尼亚州的艺术界发现了我的造型艺术，这对我来说是一个重大事件。自青少年时期以来，我就遵循着一条古训：必须走过万里路，读过万卷书，才能懂得绘画。在美国，我重新开始绘画时便享用了这些美好的成果。我有一种感觉，那些购买我画作的中国和美国的爱好者，仿佛在"追溯源头"。他们的话语向我揭示了情感的强烈。我的作品向他们展示了两个世界——东方和西方，在共同的现代视野中融合的简单而强烈的图像。我认为这种观察是他们立即接受我提供的"造型"的原因。

只需一瞥，他们就领会了简洁形式表达下蕴藏的复杂真实。古老的中国，在最朴素的线条诠释下，融于梦幻般的异域情调的创造想象之中，变得如此完美。历史和现实在那一刻水乳交融。

由此我断定，将我那些饱含诸多意义的画作做成丝网版画出版是可能的，并且这些作品的魅力将因此得到证实。我认识了一位名叫萨姆·卢比诺的律师，并向他坦述了我的计划。他办事利落，立即请人拍摄了我的画作，寄给他的一位朋友——艺术发行商人赛加尔先生。赛加尔先生被这一提议吸引，两周后，也就是在 1986 年 5 月，我俩签署了协议，效果立竿见影。

我采用了一种诞生于宋代的画法

我在纽约的一家画廊展出了 3 幅原作以及用这 3 张原作制作的各 500 张限量编号的丝网版画。所有展品及复制品均以高价售出。当时我注意到赛加尔先生已选辑并发行了 39 幅原作的丝网版画，多次向日本、法国、美国的艺术品市场推荐，每次都销售一空。而达到这一成功只用了 4 年。

让我们谈些专业问题吧。当时您用的是何种复制技术？

我用的是一种早在中国时我就已经掌握的专业技术。我使用韩国出产的高丽纸，颜料采用黑墨和金、银粉，也用水粉和丙烯颜料，甚至矿物颜料。

我用一种很古老的宋朝技术来加强色彩，把墨或深色颜料涂抹在画纸的背面，以使画纸正面的整体色调更明亮，增添了画中人物的皮肤光滑细致度。这种每一层着色的画法，对印刷技术提出了苛刻的要求。

我有幸认识了金山佳艺索马印务公司的乔治·利希滕斯坦。他的团队致力于精细复制工艺，每一幅画的复制工作都耗费整整三个月。我们商讨决定每个色彩的细微之处，还必须亲自动手准备彩色印刷网。我们所用的醋酸酯印刷网竟达到 46 种之多。这一切不仅足以说明画册配色之精心，也从一个角度折射出成功之道。仅仅为了突显画中起陪衬作用的女子皮肤的亮色效果，我们就运用了 15 种颜色。

那时，最令我费心的是，如何在复制品画纸上忠实地再现绘画的光彩。为了真实表现原画的精神，需要调和的色调多达 40 种。我全身心地投入这一再创作活动，亲自掌控每一网的色彩，在正式印刷前，核对样板中的每个细节。印刷时我采用一种高品质的纸张，以稻米、棉花为原料手工制成，堪称巧夺天工之作。每一张我都署名并进行编号。

无论对于精细技术的展示、经济上的严谨定制及复制数量核对，还是对于视觉上的新奇创意而言，这都是一次极为成功的艺术推广，并征服了整个艺术界。原作与仿制印刷品在展厅里并列展出的形式，同样引起了人们的兴趣。参观者因此得以亲身体验造型艺术和印刷技术完美且真实的统一。

对理想美的向往

一位生活在美国的中国艺术家，使用最古老的工艺和高质量的纸张，与美国工匠合作，所有条件似乎都具备，足以引起爱好者的兴趣。您似乎向公众揭示了世界上最古老灵感的秘密。您的主题是什么？

我事先选择了一些异国风景和中国少数民族的人物，都非常独特。很快，我让自己被对理想美的渴望驱使，从那些给我留下深刻印象的文学源泉中汲取灵感。我根据自己的好奇心，借鉴壁画艺术的遗产来选择我的主题。

所有主题的共同点都激发于我内心最深处的渴望。换句话说，我谨慎地回避了那些能唤醒"痛苦"的内容。我的创作原则是：把悲伤留给自己，与他人分享美的珍宝。

在这半个世纪里，我在人类痛苦的戏剧舞台上扮演了所有角色，经历了与父母的分离、同事的敌意、身体上的束缚、威胁、逃亡、恐惧、羞辱等。我的道德回应是采用最令人振奋的理想造型主题：热带天堂、民族人物、宁静、魅力，就像中国最古老传统所展示的那样，让人认为几千年来艺术家们生活在一个近乎完美的世界里，无视焦虑和折磨。

您这种深邃的智慧从何而来？

和谐，这是一种征服和肯定，是存在与现实、社会与人类之间力量考验的结果。而达到和谐最重要的是通过明确自己的根源、深厚的情感、欲望和梦想来确认自己的身份。

您提到了梦想。在那些以狩猎为主题的画作中，您是如何体现梦想的呢？

首先，在农业社会前的人类原始阶段，狩猎活动是身份与地位不可或缺的组成部分。历史记载表明，从那时起，人兽的冲突也由是得以表现：被神圣化的猎物同时也是食物，牺牲者也在受崇敬者之列。由此我们进入了哲学矛盾的最高层次。在这一主题的作品中，我意识到这种神秘的冲突状态。常常有一位沉思着的妇女出现在画的近景部分，而远处进行着杀戮仪式，仿佛只是一场无关痛痒的戏。我参照了周代以来无数以狩猎为内容的装饰图案。我们必须超越人类生存中所有并不圆满的领域，绝不能对此视而不见，自欺欺人。理想，必定是对现实的再次征服。

华丽和完美的梦想

那么，我们能否说，画中也反映了您自幼与母亲分离的可怕经历？

母与子，是我的创作主题之一。其实，每个主题都隐藏着一个希望。我试图通过一个理想的形象来抹去心中的痛苦。画中的两位主角通常身处异域的华丽背景中，被润湿的棕榈树干、树枝簇拥着，犹如一个从内心深处唤醒的美梦，表达了我对偶然间幸福重聚的憧憬。在创作母与子主题的作品时，我总是一边描绘西双版纳村落的美景，一边陷入对自身希冀的沉思。

来到美国后，我共画了20多幅母与子主题的画作来表达自己的幸福与快乐。在这些画作中，孩子常常是个女孩儿。究其原因，我会说，这在传统中国画中颇为罕见。通常的画法是：母亲把孩子搂在怀里，护犊情深。从我的角度来说，我不愿将主题过于个人化，我为所有人作画。

然而，在以刻画母子相守相惜为主题的画作时，我亦有所调整，通过线条、表情、细腻色彩的拓展并上升到一种个人风格特质，以此作为验证内心真实的一种途径。

母与子主题的最新作品被赋予了另一种个性，这是否也反映了您情感世界的演变？

过去，我朝思暮想，盼望早日找回母亲。如今，她已和我生活在一起。母亲慈祥的脸庞和她的性格不可避免地影响了我笔下的线条，使之趋向个人化，并赋予另一种母性表达方式，而不再仅是温柔的圣母像。

热带文化中的神秘天堂

我们也注意到，在所有的母与子主题作品中，背景都洋溢着异国情调。

我一直对热带世界充满好奇，这在不同时期的作品中都有所体现。我试图置身于热带神秘文化中如天堂般的环境。这个情结很有可能反映了我对投身于母亲温暖呵护的向往，就好像对童年所缺少的深情与温柔的呼唤，或者说证明。即使撇开这些不谈，这至少是一个浪漫的角度、一种蕴含着的征兆。

从心理分析的层面上，人们对您的作品的定位，浪漫源泉是仅次于母子与异国情调的。我们已经提到过您画作中有过狩猎与杀戮动物的场景，其中是否有避世远方的意味？

我对杀戮动物极为厌恶。但是，如同人们在前一刻还能抚摸和赞叹其柔软美丽的皮毛，但每个人都明白，为了战胜饥饿，人们又不得不杀戮。

这是人类为了生存而不得不面对的两难问题，正因为如此，我仍把这一切展现在画纸上。这是每个人都必须解决的问题之一，即便要在伦理道德上冒一些风险，但我可以这么说，这是构成人类哲学稳定性和在世生存的基础要素。我在这方面并没感到什么不安。我对动物的同情是显而易见的，即使有时只是因为其美丽。

我向未知远方进行的精神漫游，根植于自幼的文学痴迷与浩繁阅读，那永不满足的探索渴求驱动着我。我总是怀着强烈的好奇心，站在海边，眺望远处神秘的地平线。我沉迷于对一切的探究，总是试图理解直至找出差异中隐藏的统一，以便用画笔将之更好地表达。在中国、日本、泰国，乃至亚洲的完整景色中，我总有无穷无尽的发现。我的精神和所有感官始终保持着对"新"的渴求。

一切都是音乐

您爱好音乐，是吗？

对我来说，一切都是音乐：激动、情感，甚至想法。我在所有事物中倾听其中隐藏的音乐，我甚至认为有节奏的寂静也是音乐。我们通常所做的只是突破现实，造型艺术将我们正在解读的现实的旋律力量具体化。每一幅成功之作都堪称一场交响音乐会。

当我作画时，勾勒人物的线条如波浪般起伏，这既是物化的自然，亦是我的旋律感。我还将中西乐器绘作符号，使这精妙的创作法则融入我的视角乐章。

音乐不是偶然的激情，要求对每一刻的绝对掌控，唯有找到对应的音符才能诞生。我钟爱这种持续而清醒的控制，能让我与伟大的音乐家们产生精神共鸣。音乐，正是感官之安宁、人类心灵与万物本质的和鸣。

那令您得以进入美国的最初的 20 美元已结出了累累硕果。

把这笔小钱看作我一切机遇的资本，这是个很贴切的比喻。我永远无法完全表达当我走下飞机、第一次踏上这片大陆时的心情。

和平之蓝

丁绍光以蓝色描绘树木，

除了他本人不喜欢绿色，

更是使用形态来匹配色彩，

它表达了和平与宁静。

因为艺术是精神自身的演变及深刻的表现，

而和谐是艺术表现的最高境界，

它将造型艺术的和谐美的理念与时代

最崇高的思想价值融为一体。

丁绍光以他的作品来呼唤和平，

这正是在历经沧桑后，

对和平的渴望与颂扬。

第六章　在尘世的沙滩上

面对未知的海洋

　　我曾常去探望我的长兄绍曾，他住在海边。我们常一起散步，而独自一人的时候我选择去人少的海滩。两年后，在加州，无人打扰的时候，我爬遍沙滩上的小丘，遥望海际天边。从这无垠的壮观景色之中，我汲取构成自己绘画作品的美。这是一种真切的魅力，既感受着自身如沧海一粟的渺小，又为人类向日益膨胀的宇宙发出的挑战而感到震撼。

　　我以为，我的绘画作品的灵感大多来自这一召唤。当我们最终确定我们的位置时，这一召唤便占据我们的心头。我们如同在宇宙的边缘，只有唯一的一条地平线作为景致，同时它又成为地球的边界。随着层层波涛海浪永不停息地涌现，我所有的感触达到了极致：悲伤可浸透我全身，快乐能使我激昂。我满怀愉悦地分辨远处的帆船，感受风的作用，我感觉到它的力量，我把自己紧紧包裹，就好像蜷缩在一只巨掌之中。这些对我的绘画创作来说，都有着重要的造型价值。

　　对您来说，水是一种活力的源泉，它足以给你的作品注入名川大江的气势。

　　自在西双版纳发现了涓涓细流与奔腾大江的无穷魅力之后，我就行走于这个流动而柔质的世界之中，它体现了力量与柔顺、愤怒与平静。没有水，生命不复存在。现代伟大的艺术家，像那些印象派画家，他们撷取水面之上的光泽与光线。水，是在绘画中欣赏色彩与安置线条最完美的银幕。

线条：　驾驭艺术的标记

您刚才用了一个重要的词：线条。

　　我以为，线条从古至今就是中国画的灵魂，是驾驭艺术的真正标

记——可能比西方更为深刻。这不仅指线条的价值，还是记载了千年的实践。线条隐含形式与情感，我的画是在素描完成以后才着色的。对一个画家来说，他与世界的联系是由线条定义的。事物都是独一无二的。每一朵鲜花都是一个主体，每一棵绿树都是一个人物，每一株小草都是足以缠绕你的细腻线条。当我发现那充满异域情调的森林时，我便花费时日，在树叶与植物的细节中细心发现形态各异的脸庞。这的的确确是美妙绝伦的一刻，我相信这种神秘在自然中沉溺，向我透露事物的和谐与真实，而我则有幸领悟了这一切。

　　我感动于这样激动人心的时刻，继续在美国这充满异域风情的森林里画下我的回忆。可能带着一种思乡的情结，但更有一种传达给我平静与激动交织的快乐——或许我能把这称为乌托邦的真实魅力。我的画笔与画刷通过这些天堂般的图像，传递真实世界的光芒。我截取了一种魔力，并非其外表或幻象，而是大自然本身的神秘。这里有仙域圣鸟，身披五彩羽毛，如同新生灵感一般，以优雅的姿态从天而降。

　　只需在这个明快感觉的背景中放入一张女子的脸，就足以使人物浮现出生动、梦幻般的神采。1984 年，我为一次纪念马丁·路德·金博士的活动创作的一幅梦中静女图，荣获了加州州立大学的一等奖。我想，当时评审团的每一位成员都想给我授奖，以便能与她相会。

　　与欧洲的艺术家相比，您如何定位您的艺术？

　　可以说，我希望采撷欧洲文化中最优秀和最精妙的东西。立体派画家教我摆脱模型，以平面的方式描绘人体，从各个角度观察人与物，重现复杂的视觉。现代主义画派确立了重构世界的自由。从此，调色板不再是对现实的忠实再现。感谢马蒂斯，将身体主观地融入画布背景中，作为一种客观事实呈现。莫迪利亚尼女性形象的极致细腻，他画笔下的椭圆形脸，

从一开始就给我留下了深刻的印象——就像他本人受到 16 世纪风格主义者的启发一样。

几个世纪以来，艺术家的大家庭似乎始终在进行着实验，致力于实现某种全人类统一而又复杂的感知。

当下被接受和理解

您的作品经常被看作装饰艺术的成功特例。

去探访中国的古老庙宇吧，观摩那些属于至高艺术传统的壁画。在电影动态影像诞生的数千年前，中国艺术家已通过宏大构图与精微笔触、线条的力量与色彩的表述，创造了视觉下的动态效果。我渴望融入这种视野。所谓中国装饰艺术，实则展现了最卓越的造型价值，实现了对艺术完整维度的追求。在我看来，欧洲艺术家所谓的"现代技法"与古老洞窟中精妙的壁画线性语言并无二致。您同样能在奥瑞纳时期的岩壁上，看到史前骏马永恒奔腾的质感。二维绘画自艺术起源便是技艺水平的明证。在欧洲，"装饰性"一词常带贬义；而在亚洲，装饰恰是最崇高美学的彰显，是简约与光辉的表达，能瞬间征服所有观者的注意力。即刻被接纳与理解，岂非艺术至境？

给我们谈谈您对色彩的爱吧。

我画树木不用绿色，因为我不喜欢这种颜色，我用蓝色将我所画的树叶是绿色的感觉传递于他人。我根据形态来匹配色彩。我崇拜克利，因他能随着形态的变化而改变颜色。

我们在观察自然时，能从自身的品位和理解出发，选择各自的色彩。这首先要求画家必须很好地把握自然色调，然后根据个人风格来选择。"学院派"则声称要遵从自然。

规则即和谐

我注意到每个国家都在表现色彩上有一定的习惯，这与民族性格有关，但主要还是选择的问题。我说过我喜欢蓝色，它表达了和平与宁静。

另一个造型是否完美的标准是对金色的使用，它能增强周围的色彩，或者刚好相反，能使它们暗然失色。这是驾驭艺术能力的明证。规则即和谐，一切皆在其中。

广义上的文化在艺术创作中作用如何？

阅读和旅行是掌握技巧的方式，它们丰富了经验的密度，并构成了我们可以称为内在财富的东西。每一种新的知识都是一种挑衅，我们必须超越并吸收它，以找到个人表达的线条。不断怀疑是发现自己才能的真正方法，通过自己的线条和调色板成为"自己"。这首先需要了解昨天与今天之间作品的变化，这些变化都可以激励人们的前行。理解绘画和思想的历史是理解人类的最佳方式。

独自前进并找到自己创作的意义，需要能够选择，因此要了解他人开辟的道路。

融合神与形

您从 11 岁起就开始画画了。这一阶段的主要探索是什么？

我持之以恒地研究中国的伟大艺术和西方的代表作品，并不断取得进步。我一如往日，再一次感受到青春活力。正是这种情结，我们可以把它看作对立的统一。

以顾恺之为例，他宣扬"形神兼备"。我在远离真实与形似的同时选取了这条追求神似的道路。我选择了个性化创作。我援引引导我前进的唐代张璪的话：外师造化，中得心源。我们可以模仿，但同时也要使表达个性化。东晋王廙在教导王羲之时说："画乃吾自画。"我永远记得一个中国艺术睿智的古训：自我中心主义在人际关系中是须摒弃的，但在绘画艺术上，假如我们想成为一代大师，我们只能永远想到自己，"为人处世不能有我，唯独作画，要处处有我，我者何？独成一家耳"。

这些概念与学院派绘画的公式相矛盾，正如人们判断的那样，这种公式曾试图通过强制教学来使学生屈服于复制实践的奴役——而这几个世纪以来一直被视为完美的方法！无论祖先的荣耀或自然的吸引力如何，艺术规律的真正基础是知道如何抵抗所有绝对的命令，同时能够从所有研究中获得自己的收益。

我画猫的微笑

这是一个很好的教训！您从西方艺术的新视觉和智力阅读中获得了什么？

一个世纪以来，我们经历了文化和艺术的交流。我从研究西方现代造型艺术的主题开始，正如智者所说，我们攀登同一座山，但在不同的山坡上。一切始于我们在山顶相遇，观察展现的宇宙，并首先意识到自己特定的身份，尽管人们可能认为人类在任何地方都是一样的。

举个抽象画派的实例，南宋时期，梁楷画了一幅名为《泼墨仙人图》的画。他说："我刚刚画了一座高山，但是你看不出这是一座高山。"几乎是同一时期的另一位大师王洽，他在纸上泼墨并用手、脚和头发画了一些抽象的图画，人们说他醉疯了。没有任何权威对这些造型发明提起一点点的兴趣，它被宣判消失，除了一些轶事的记载没有留下任何其他痕迹。

千百年后的巴黎，人们对毕加索特别关注。他说："我画了猫的微笑，但我没有画猫。"我们依然可以回想一下立体派画家的经历，对那些生前未被正式认可的人来说是一场多么残酷的考验。

您对抽象绘画的兴趣如何？

伟大的作品必然是融合了抽象思想的现实表意，以表达敏感、智慧、激情和总体视觉的感受。在历史上和思想上都必须重视那些所谓抽象艺术诞生并使其得到承认的作品。但只有在经过各种特殊真理的深刻融合与精心提炼之后，并且只有在得到立体画派和艺术家真实表现出创新精神进而发扬光大之后，一幅作品的重要性才在现代得到承认，这意味它属于当今，并代表着一种个人的艺术驾驭。

仅有想法（仅有煽情或发起者的矫揉造作）还不足以确立一种艺术手法的质量。当今，有太多不懂如何获得纯熟技巧的艺术家逃避到抽象里，而这最能掩饰把握主题的困难，人们总想在懂得想和做之前出售自己的作品。

抽象艺术的出现（例如毕加索与布拉克）是一种精神现象，20世纪初期，它的出现表示古老纪元进入全球性理念之中。人们刚刚发现了原子，发明了飞机（这使得人们可在垂直的位置上观察地球），发明了电影……地球上的几十亿人口预示着未来的变化。古老的传统正在破裂。毕加索和布拉克，他们首先是醉心于现实主义的艺术家，出色地处理了他们的主题，并通过自己创造的新艺术，记录了从一个感性的状态到另一个状态的伟大突破。他们告诉我们，没有任何事物比新真理的诞生更真实了。

您对美国艺术有什么看法？您是如何定位在美国的云南画派的？

在摄影研究以及表现某种内涵丰富的思想之活力的形式与色彩游戏中，都存在一个概念，它驳斥了所有可能的智慧，甚至排斥技术。在我看来，云南画派是作为一种持久、平衡的坚定主张出现在美国的。

我非常关注美国艺术的各个方面，以更好地理解今天这种强烈的造型艺术所诞生的形式。这个正在寻找自我的国家正在等待其他的答案。

中国传统画艺的顶峰

您是否能给我们一个艺术家式的回答？

我的美学观点是不是一个足以引起重视的主张，未来会说明一切。还有，是否能把我的声望视作某种答案呢？好吧，我要说，1991 年 11 月，我的一幅名为《白夜》的画作在香港佳士德拍卖行高价售出，价格高过所有预测。我举行过三百多次画展且在持续进行。

我更愿意提到的是，我站在中国传统的前沿，这一传统深深影响了我，并启发我真正发现了"现代价值"——也许是悖论中的悖论。但如果我们正在寻找事物的意义，还有什么比这更好的论据呢？

新的精神源自远方，根在人类之中，使其诞生的力量仍然是其未来的基准。艺术并非外在于生活，它是进化的精神及其最深刻的表达。我们可以从艺术的角度来讲述人类和社会的历史，因为艺术是对平衡与野心、知识与进步的考验。

我曾花了很多时间增强自信，为了更密切地注视着我周围的社会，为了在我自己的"美、真实与和谐"的哲学中，不断提高对自己的要求。我不会更多地接受别人的指责和市场控制。

从情感到形式的交流

我应该看得更远，我不是在画一棵树的外观。我想让人体会这一外观所表现和体验的东西。我希望让交流从情感达至形式。因此，女性美应超越完美的意象，在我的画中，女性被赋予一种永恒的优雅基调。

现在，我必须从那些令人惊叹的冒险中吸取教训，而正是这种冒险让我得以探索中国最古老的壁画艺术，使我身处西方艺术大旋涡却始终能保持内心深处的平和。正如我能在童年最艰难时刻和面临巨大厄运时，超越痛苦，保留生存的毅力和创作的直觉。我希望能把一切运化为等量的活力。

我把您看作一个特殊而充满活力的细胞，通过历史文化基因的惊人组合继承了最罕见的特征。倘若您不扮演这个似乎理应归属于您的角色，那也许会令人极其遗憾。

1992 年，我成了美国公民。同年，我在洛杉矶创立了"美国华人艺术家协会"，有一百多位会员，我很荣幸地担任主席。我们的首项决议就是为旅居国外的华人艺术家提供帮助，因此我使两种，甚至更多种文化联结在一起。在三周年庆典上，我们决定给我们的协会定名为"美国世界美术家协会"，我仍担任主席。我们在中国台北和墨西哥举办了画展，让人们看到我们要继续完成申社画会提出然而未竟的事业。

我们不再孤立无援，即便一个艺术家始终是孤独的。今天，这样的理想依旧被一些像我这样的战士继续实践，它们理应受人敬重，因为它们是属于世界公民的。

第七章　艺术家，和平使者

和谐的情感造就了您的每一幅作品，而这在您最初的艺术探索中就已呈现。

造型艺术创作强调风格统一性。艺术家必须在技术上驾驭线条、形式和色彩，用最强烈的方式表达他所要传递的情感。我全心全意为"和谐"使命所驱动，对我而言，和谐是艺术表现的最高境界，它将造型艺术的和谐美的理念与我们时代最崇高的思想价值融为一体。

可以说，我的过去使我明了和平的紧迫性，在我看来，这紧迫性并不仅仅是新闻报道的冲突、战争，而且还是当今世界上各民族最关键的问题所在。

我经历了很多考验，这使我特别强烈地感受到我们的世界在通往一体化的道路上所遭遇的冲突和曲折。那颤抖的音调和充满生命力的召唤，我感同身受。

历史上第一次，将近二百个国家试图建立一种共存、共进的状态。这样的呼声和要求，我们怎能不回应呢？即使已有了一些正式的国际机构，例如联合国、联合国教科文组织。在进行经济和贸易往来的同时，我们仍应保持警惕。世界并不平静，时不时会传来一些新冲突造成流血事件的消息，而这些因无谓的怨恨和阴险的自私挑起的冲突根本解决不了问题。

我们无法接受这种违反人道的情形，没有人能置身事外。我已经下定决心，以我最珍贵的一切、以我的作品来唤醒所有艺术界的朋友投身于和平事业。从今以后，我将把这句话作为一种希望来吟唱，衷心期望能获得每个人的信赖而后投身于其中。

这就是艺术的真谛！

确实，您的作品一直是一面向着和平飘扬的旗帜。

我经历了许多艰难的厄运，但我从未停止过对美的向往，我把美视为

通过艺术表现和内心智慧而达到的艺术驾驭的果实。对每个人而言，理解别人很重要。尽管存在差异，但人又何其相似。一方面，我们可以通过所有人共同颂扬的美的各种形象来发现我们之间的同一性；另一方面，我们也可以说，在我们或他人身上，都存在着一种弥足珍贵的东西，那就是艺术的真谛。

给予灵感吧！激发起他们研究其他文化的愿望。让好奇诞生吧！体会确定的差异的魅力吧！丹青之间我绘出全部愿望，每一个信仰都流淌在我的笔端。

1993 年，我的一幅作品《人权之光》被联合国艺术和邮政委员会选中，成为一枚邮票的主题画。我的愿望首次获得官方认可，给了我莫大的欢欣与鼓舞。

1966 年，在庆祝联合国成立二十周年之际，联合国就以由达利设计的一枚邮票开始了这项计划。此后，一些主要的艺术大师，如夏加尔、考尔德、沃霍尔、米罗、劳森伯格、瓦萨雷利都参加了这些活动。我对这个出于和平目的的计划而达成与艺术世界的合作感到非常高兴，因为我是第一个受邀参与该计划的中国艺术家。

一项积极计划

美与和平的标识在信件流通中的传递，是艺术和生活的美妙结合，达到对美的实践。第二年，也就是 1994 年，我的另一幅作品《母性》被选中，同时，其版画也广为发行。1995 年 9 月，第四次世界妇女大会在北京召开。联合国邮政局请我完成六幅以"和平、平等和发展"为主题的作品，并制作成邮票发行。我对和平的热爱也就变成了一个积极的活动。

如果回忆一下中国社会过去对待妇女的方式，那么，世界妇女大会在北京的召开则更具代表性。其意义在于，它改变了过去男女地位不平等以

及妻妾制的落后传统。

自 1949 年起，中国妇女的生存状况在形式上发生彻底的变化。政府宣布男女平等，于是妇女的作为有了相当大的提升。为了解决 1950 年以来人口成倍增长带来的问题，中国推行了计划生育政策。

1980 年，街上到处可以看到巨型广告看板上"一对夫妇只生一个孩子好"的口号，目标是人口于 2000 年增长趋缓。响应计划生育政策，退休制度也得到了较好的执行。

我的决心从未动摇过。我曾经参与过一些讲座、协会，为年轻的艺术家提供助学金。从美国到墨西哥，再到菲律宾，传播我对和平的看法，并通过展出我的作品来阐释我的言论。

清醒吧

是否可以说您的作品中和平与爱的旗帜闪烁的光辉之所以如此强烈，就是因为每个人都能有深切的感受？在您声望不断提高的同时，您本身的经历表现出的令人惊叹的净化效果，也就成了自我征服的典范。

画家创作艺术品，而每件艺术品都是作者的一面镜子，一面作者述说自己的本质、表露渴望的镜子。如若能对艺术家有更多的了解，那么作品就会传递更多的信息。我俩现在的交谈，即是一个明证。创作动机、创作经历、哲学意图、相关知识，都能增加一幅画的画境。我相信自己已跨过了造型艺术的品质难关，我邀请人们参与一种理想，成为我的贵客，我激发他们隐秘于内心的激动和关注：和平能存在，和平是可能的，我们向往和平。清醒吧！障碍，不能视而不见。去交流吧！去验证我们的信仰吧！

在中国古今艺术史中，总体上看来，您的历程是相当独特的。

我创作的核心，在于追寻美，将其作为和平精神的深刻见证。这份渴望，恰恰诞生于迫害施加的压力之下，如同一种敏锐而鲜活的思想反应。我确信，所有被剥夺安定生活却战胜绝望的人，都与我共享这种强烈反应。我对和平的礼赞，是一声能被无数人听见的呐喊——他们必能在此呼唤中辨认出自己的意志。如果可以的话，我想说，我在一个观念和情感转换的历史时刻起了作用。

我同样认为人与人之间的关系、接触和交流打开了通向和平的大门，让人与人幸福相处，让人与自然美景和睦相待。只有这样，才能从另一层面意识到一些新的事实。

一切都在变

您想说的是不是，随着风俗的改变，人们可以更快、更清楚地理解您的造型艺术，进而更了解您的哲学呢？

一切都在变。1995 年，我们得知在中国，从 5 月 1 日起开始享有一周双休。在法国，有薪假期始于 1936 年。现在，随着个人自由的发现、阅读时间的增加和国际旅行，我们收集到各种信息，进而产生新的思想。而艺术作品则产生催化作用，会突然激发出一种直觉，找到可能存在的另一种真理。

所有的人都期望和平，以确保他们安全和舒适，使快乐成为可能。一个艺术家的伟大之处，就在于将自己的感觉投射进艺术爱好者眼中的情感最深处。当然，前提是他的作品有人看并被人期待！我把这称为"进攻型"手段，通过安排画展吸引公众的注意，赢得目光，甚至让人们站在自己的角度去实现心灵的想象。

睿智的价值观

您还没有对梦想所能达到的总体范围作出评论。您亲身体验过中国的社会主义制度，也同样经历过资本主义体制，但从本质上您不抱任何偏见。

很多人知道我童年和成年时经历并克服了各种磨难，这些人深深了解这些磨难的程度。我对此的真正反映是我的作品和作品所表达的意愿。

我认为我的艺术借鉴了伟大的佛教艺术，这是最崇高的智慧的价值观，能够通过其原型影响心灵的最深处。我还将现代艺术特征的发现归功于个人主义和研究与表达自由的价值观，这些价值观与当今科学领域的客观性一样重要。这种联系的结果就是产生一系列美的准则，这些准则告诉人们，要达到目的必须先经历苦难。

全球人类的秩序并非为未来而设，在对它进行研究和设立之前，我们应该聚集一切智慧，以便能够在多样性、复杂性和最准确的价值中勾画出所有的问题。

您把自己看作积极的和平使者。

我时刻都准备着为热爱和平的朋友服务。我刚刚促成了五大洲一系列基金会的建立，将以鼓励和平交流的计划为己任。

在某种程度上，我建议在文化的层面上为今天和明天的大众建立起政治和外交目的以外的交流。

当然，与紧张局势的严重程度和持续威胁的冲突相比，这些追求显得微不足道。而我与历史学家持同样观点，虽然有种种障碍和灾难的存在，人口数量在短短一个世纪从 10 亿增长为 60 亿，但我们都需要学会驾驭痛苦，以实现一种以爱他人为特征的禁欲主义。艺术超越一般的话语，让全人类都能与绝对和神奇的完美展开交流。

中国的未来

您怎样设想中国的未来？

我不是一个专业的观察家。我只能举出一些众所周知的事实，例如中国已进入社会主义市场经济，其劳动力有史以来第一次不再是以农业人口（占人口的 53%）为主。中国吸收了外商对发展中国家的投资的 1/4 还要多。我们可以发现中国人民的生活水平不断提高，即便中国经济正在逐步地融入世界经济，并将经历该过程中产生的种种不适。

我们注意到中国正在进入现代化，并有效地遏制了过度的人口增长。1996 年，"21 世纪国际论坛"召开，与会者包括美国前国务卿基辛格、德国前总理施密特、日本前首相竹下登。会议期间发表了一份备忘录，声称从此以后，技术的改进可以使一个国家在不获取新领土、扩大贸易的情况下增强国力。与会时，约定 2020 年重新聚会于"巨人中国"。当今的中国已具巨人雏形，认为届时中国将成为全球贸易中心。我的结论是：从来也没有像今天这样有必要在全世界最广泛地传播各种和平辩证法。艺术家应该承担起使之付诸行动的责任。

神圣之蓝

进入丁绍光的每一幅作品，

感受到的都是人与自然的和谐，

是那些人类记忆中最美的东西，

梦、思想、知识。

磨难促使他探索所有人类精神资源的经历，

将种种人类古老的艺术作为灵感的来源，

用自己的方式探索现代风格，

将世界和谐之美，

深深地浸入我们的感觉。

他给予我们心灵修养的最高境界，

超脱这世间的逆境，

充满对光明未来的坚定信念。

第八章　家

从 1992 年开始，国内了解到我在艺术上获得的成功，在我担任"旅美中国艺术协会"主席一职以后，邀请我在位于北京天安门广场旁的中国革命历史博物馆（现为中国国家博物馆）举办一次画展。

这令我备感荣幸。由此，可以相信，我的这些作品已成为典范，人们承认并赞扬其价值，对这种成功作了进一步的肯定。人们最终可以理解，我的作品表现的是与传统截然不同的价值。

欢迎我的仪式颇为隆重。在画展开幕前，就有人在博物馆的正面墙上悬挂了一条长达 12 米的欢迎横幅。画展期间，先后有十多万人参观，有五百多家报纸杂志对此进行了报道。很多人将我的归国举动看作一次艺术的胜利。还有一个电视片摄制组在我逗留期间对我进行了追踪采访，并制作了一部纪录片。

随后，上海博物馆和上海大学给了我一个教授的资格，而我的母校中央工艺美术学院（现为清华大学美术学院）已宣布我为其荣誉教授。带着回忆，以及对我的年轻的后继者的深切关心，我为大学生们设立并捐赠了奖学金。这是表达我热爱和平的信念，以及对年轻一代艺术家倾注莫大期望的最佳方法。

上海：一个试点城市

当时上海是中国面向世界的一个窗口，而在改革开放之前，这个按其人口和港口吞吐量排在世界第五位的城市，却始终徘徊于国际社会的边缘。

自 1986 年起，上海被国家确定为经济体制改革试点城市，以期望将这一大型港口城市塑造成可与东京，甚至纽约和洛杉矶媲美的"试点城市"，这一计划产生了一定的效果。另外，城市规划师和建筑师在建筑中全都采用了美国直立式的建筑风格，使得上海浦东成了有曼哈顿大都会之感的地区。

从那时起，上海尽其全力想要成为未来的标志。在这个由混凝土造就、玻璃点缀的城市中，密布着超级市场和大商场组成的商业消费圈。即使在深夜，在强光灯的照耀下，建筑工地上仍不停地建造着摩天大楼。

当时香港尚未回归祖国（1997 年 7 月 1 日前，天安门广场上有一块倒计时牌以秒倒数着对香港恢复行使主权所剩的时间），上海则作为一个高速发展的社会主义市场经济的典范出现在人们的眼前。

几年之后，为庆贺由法国设计师夏邦杰设计的上海大剧院落成，我受邀创作一幅巨型壁画。

荣归故里

在怀中揣着 20 美元离开中国去往美国 12 年以后，这样的荣归故里是一种双重胜利。

总之，命运给了我特殊的回报。可以说，这是由于公众的长期观察及对我的艺术探索的赞同——这种探索向公众揭示了一种超越于生存境遇之上的应许和谐，从而使他们对我的作品青睐有加。我并非一个由金融市场和股市炒作出来的名家，曾有过很少的几次公开拍卖，那也只是为了确认我的作品的真实性标价。我在全世界展出、出版和销售我的作品。第一次是 1988 年在日本名古屋。1990 年我在东京艺术博物馆举办了正式画展，同年，巴黎也展出了我的作品。

山西之行给我以莫大的快乐，一所大学邀请我作一次讲座。而我也正想借此机会，重回山西运城的老家。

一下火车，当时的山西省省长以及陪同的省、市代表，手持鲜花欢迎我，但欢迎的人不止这些。出火车站时，我看到四周停满了小汽车，一大群人拥挤着向我欢呼。

在这么多人的热情陪伴下，我们穿过市区，然后是乡村，这真是个让人激动的时刻。

现代性，每个个人的冒险

尽管您的身份是美籍华人，但是您的乡亲们仍为您感到骄傲。

我的每一幅画作无不饱含中国乡土与历史，这体现在每一个着色的符号、每一笔线条之中。我的作品代表着某种与生俱来的生命力。故地重归意味着我又投入了给予我生命力量的世界之中。现代性大概就是每个个人的冒险，我的荣归故里可以说是对此的激励，就像在证明一种应许的成功，但同时不否认，未来就在那里！几天之后，在上海市市中心，我又一次得到同样的感受。

在展览馆，开幕典礼的剪彩仪式刚刚结束，激动的人群和青春的热力一下涌入前厅，玻璃门都被挤破了。一阵惊呼之后，欢呼声在我周围响起，我成了众人瞩目的中心。人们竞相索要我的签名。接着，怀着同样的热忱，人们纷纷去欣赏我的作品，他们驻足观看。对一个画家来说，这真是一个难忘的时刻。

在宏伟的人民大会堂举行了拥有四百个座位的官方宴会。对此我备感荣幸。因为这开启了一个先例：从来没有一位艺术家获此殊荣，尤其宴会还是在那幅我离开中国前绘制的壁画前举行的。这多么具有象征意义啊！

我怀着激动的心情回顾过去，对此，我至今记忆犹新。我甚至告诉大家我当天展出的作品与那幅壁画在色彩和线条上的不同。

在这方寸之间，刻印着我长期艰苦求学的收获，以及对我此后在美国不懈追求现代艺术的回报。时不时地，我会审视那幅壁画，对画面和线条的垂直度作仔细观察。这是昨日与今日跨越十数年人生苦旅的重逢。这是我归国期间最珍贵的时刻之一。我重新寻回了那些原以为不知所踪的早年间的作品，我重新细心地审视它的每个细节，人们能够从我眼中看到满满的挚爱。就这样，我对自己在艺术上的进步和实际技术处理能力有了全新的认识。这是艺术家生命中最令人紧张兴奋的欢愉之一。

我心中全是对以往经历的回忆，在我匆忙离开时构思创作的作品，就像一次永别。而当我再一次见到它时，好像它是一段被忘怀的历史，一种被重新找回的幸福。

我是一个幸福的见证人

作为一个名人，您与中国艺术家的关系和交往怎样？

我不希望给人留下我是名人的印象。数百位艺术家接受了邀请，他们是我的母校中央工艺美术学院的校友，以及来自中央美术学院、北京美术家协会等各界的人士。我已经将兴趣转向追寻、研究、革新中国伟大艺术，并投身于其中。

在我看来，这次交流为重新审视社会中的艺术价值和必要的自由规则问题作出了贡献，而必要的自由规则有利于唤醒敏感度和一种质的领悟，只有质的领悟才能引导内心深处的选择，内心深处的选择决定创作。我是确认这一信念的幸福的见证人，我的作品清晰地以不向命运妥协和昂扬向上的基调呈现于世，并将继续传达这样的信念。

不可或缺的自由

您是否接触了大学生？

是的，在好几个场合中。在广东省美术学院举办的一次讲座中，我与一群年轻人在一起。为了引起他们对艺术行为的重视，我带领他们参观了我的展览。我不想让他们反对现有规则，恰恰相反，我只希望他们在必要的坚持上坚持，以及拥有为了达到技法上的娴熟和艺术上的最高境界而应表现出的执着。而且，自由地去探寻个人艺术发展的方向是不可或缺的条件。

我想象着，如果我作为一名新生，听到教授的这番言论，会以什么样的理由来说服自己呢？这显然是另一个时代，环境完全不同。

因此，我从不想将自己的经验说成放诸四海而皆准，而希望人们去关注与评论我的艺术，因为要找到自己真正的疑问点，真理的认知只有在自由的批评意识的表现中才会被激发出来。

我的启蒙恩师

我猜想这种交流坚定了您对这些年轻人对未来的信念吧？

真正的磨难也存在于经济条件之中。对于年轻的艺术家来说，贫穷有时是超越的动机。举个例子，当我们重温莫奈书信集的时候，可以发现在他的每一封信中，都提出或请求人们掏出 5 法郎买他的一幅作品，以便让他活下去。对于非常年轻的艺术家们，这种压力就更严重了，他们甚至无画可卖。

这时我想到那碗可怜的米饭，过去，仅仅是一碗米饭在维持着我的生命。所以我设立了奖学金，以保证困难大学生急需的资助。即使是在工艺美术学院也是如此。为了纪念我的第一位恩师张光宇，并表达我对他的感激之情，我以他的名字为奖学金命名。我至今记得，我向他讲述了我在异域丛林中的"历险"之后，他那么热烈地拥抱了我，表现出他对我深深的喜爱之情。正是他教会我在艺术创作中线条的重要性，也是他资助了我赴西双版纳的旅行，并使我完成了毕业之作。如果他还在世的话，我可以肯定，对于我资助这些年轻人，他会感到相当开心，同时年轻人也会非常高兴地看到成名画家对他们的爱护与信任。爱护与信任正是张光宇给我的

感觉。

江苏省常熟市建立了庞薰琹美术馆，聘请我担任荣誉馆长。对我而言，他是我诸多老师中最富有现代精神的一位。从他那里，我获得了自己最重要的艺术信念：在融合古今的同时运用充满魅力的西方艺术。美术馆的设计借鉴了他的教学方法，为青年艺家术树立了一个榜样。

这是一个您向往昔保护您的知名人士致敬的时刻。

当时的文化部组织了一场面向所有领域艺术家的全国性竞赛，并将第一届奖项命名为"丁绍光奖"。这一竞赛无疑强调了一个游离于传统规范之外的自由的特例。我得知将安排这项竞赛时，当即提出向各省份的美术学院以及各类艺术院校宣传此赛事的要求，以期参赛者可以独立地向所在院校申请报名。我的这一要求能得到官方的首肯，也有赖于官方态度、思路的转变。

接着就是一系列接踵而至的画展。我在纽约举办了一个以"'文革'与启示"为主题的作品展。我应邀以艺术家身份参加昆明世界博览会，在这个我曾长久客居的城市的博物馆举办了回顾展。在新加坡，适逢庆祝柏林墙倒塌十周年纪念之际，歌剧院画廊为我提供了展位，并在首府另外安排了一场为纪念世纪和平而举行的展览。时间的指针已经指向 1999 年，我本可以在这世纪之末画上一个句点，但时光飞逝，回顾自己的过去，令人有些许感慨，仿佛青春即将结束。

全球化理念的传播

您的艺术经历似乎是很有国际性的。

我感觉还有很长的路要走，中国民间有句俗语：不怕慢，只怕站。出于为和平和艺术青年服务的宗旨，我和一群热衷收藏我作品的人们致力于

建立全球范围的基金会。我想，互联网的发展也将促进全球化理念的传播。远距离教学将会实现，满足数十亿地球公民的需求。今后，一切问题都将变成全球性的问题，而"美"则应被作为一个全人类共同享有、共同感受的理想来加以审视。这个在昨天还被认为是个人艺术行为的问题，如今已经成为绝大部分人的强烈愿望，对这样的呼唤我们必须给予回应。

第九章　第27种文明

丁绍光以种种人类古老的艺术作为灵感的来源，但其表达方式却与前人迥然不同。他将自己在形式及色彩上探索着的现代风格，与几千年来为追寻和谐及造型美的技法，还有文化上的传统，恰如其分地融合在一起。在未来，丁绍光仍会被视为 20 世纪最具特色的中国画家之一。

如今，人们对人类起源的寻觅已经越来越深入。丁绍光的作品表现了人类克服并超越逆境的一面。丁绍光的作品含有某种先知的特征，似乎他替全人类找到了一个共同的生命之源。

长期以来，总有些人喜欢把古代中国形容成一个幅员辽阔、发展停滞不前、因循守旧、日渐式微的国家。其实，经过持续发展，中国建立了农业生产体系、水陆运输网络和独一无二的货币体系。中华民族还是当时世界上最具发明力的民族之一：中国发明了铸铁和炼钢技术，并成批量产制作兵器；中国首先发明了火药、战车和书籍；中国人发明的印刷术先于谷登堡整整 6 个世纪。

这一文明古国在取得这些成就的同时，人口快速增长，这说明中国社会相当进步，同时劳动力成本也降到了最低。这使人们放弃了在货币体系和社会组织等方面的研究，从而令经济和文化的进步停滞。当时，儒家思想一统天下。人们的行为举止都被禁锢在伦理道德之中。就这样，正当欧洲汲汲于发展实验科学和工业企业之时，中国却进入了一个"冰河"时代。近代中国开始走向衰弱。

丁绍光处在人类历史的新时期，社会进步和科技现代化已经证明了它的有效性。这个新时期已经建立起一种崭新的市场机制，它能给予每个人选择的自由，并且每个人都能从中受益。

中国——崛起的经济强国

中国在国际社会中发挥越来越重要的作用力。我们一定还会记得那些重要的历史见证人，例如基辛格、施密特、竹下登等人定的 2020 年之约。他们约定届时将再讨论中国，这一沉睡的巨人是如何崛起的！

我希望各位注意到这一点约定的特殊之处。著名的历史学家阿诺德·汤因比在其著作《历史研究》中，把人类有史以来的文明分为 26 种，其中的 5 种属于不变的文明。而现在我们又处于第 27 种文明的起始点。在人类历史上，它将会再一次在世界范围内产生重大的影响。决定它产生与否以及如何变化的力量是人口，它将在地球上构成一个真正的"人类神经元"的网络。

在解读丁绍光绘画作品中"意象冲突"的意义之前，让我们先来看看其作品在表现方法上的超凡脱俗。它能一下就攫住观众的目光，已经证明了其传达的高质量水平。他的印象派画法达到了极高的水准，而且每一幅新作品都在告诉我们艺术家是如何精益求精的。

其最令人感到出神入化之处在于：当我们对构成画面的粗线条稍加凝视时，我们似乎已在听画，已融入绘画的音乐佳境。我们似乎必须放弃那些常规的视觉规则，而把我们的感官连同想象高度集中起来，以便达到由更为广阔和非视觉性的存在构成的"另一和谐"！

很显然，我们沉浸于一种罕见的、深刻的感觉之中，平时很少驱动的感官被唤醒了，有了一种心旷神怡的感觉。

艺术感动的核心

瓦莱尔·朗伯罗对于丁绍光画法的评论得到了人们的赞同。他这样写道："其线条坦诚的纯洁让我听见了巴赫大合唱的旋律——三个世纪世俗和宗教复调音乐的结晶，因为他的线条体系盖过了琶音和下拍组合……其主题的丰富性使我联想到威尔第的歌剧；至于它运用的色彩的奢华则让我的脑海中回想起莫扎特的交响乐。一旦接触到丁绍光的作品，我们就能即刻触及艺术感染力的核心。"

可以说，面对这样的命题，我们触及了一个难以解析的复杂问题，只有亲身体验过那种能将视觉与音乐、触觉与嗅觉、感官快感与精神愉悦熔于一炉的感性状态才能体会其中深意。其共通之处在于心智的顿悟，犹如佛教教徒所言：了悟完美平衡的智慧，正是我们与世界相处的哲学密钥。当您说出"和谐"一词时，听见的是幸福、欢愉与静观。

两个多世纪以来，"和谐"这个词似乎已经不符合我们这个时代艺术家的追求了。他们追求造型、形式、色彩及主题上的冲突，也创造出某种"脱节"效应，这种"脱节"成为当今艺术创作和批评的核心。而艺术的真正爱好者等待的又是什么呢？"我们的艺术"就处于当今世界最明显的特征，亦即危机之中：怀疑一切。那么，人类的位置在哪里？

对此，丁绍光的回答基于隐含的哲学诘问：你是谁？你到哪里去？你想干什么？一个多世纪前，在现代主义的黎明时期，人们也提出了高更式的疑问！你为什么要看艺术品？你想从艺术家那里得到什么？是想得到你痛苦的另外的表达形式，还是想得到一种答案呢？

音乐词汇

在音乐中，五线谱体系改变了琶音和敲击和弦。丁绍光告诉我们，类似现象也存在于造型艺术中，并且他像在莫扎特或巴赫的管弦乐编曲中一样实践它。这种手法在"艺术市场"上确实不太流行，但它能给专注的目光带来与憧憬完美的耳朵相同的喜悦。我觉得丁绍光的令人赞叹之处在于，他采用了音乐词汇来表征他与一系列版画作品的结合。

历史已翻开了新的一页。我们应当意识到各种新生力量正进行着新的组合，而且这一切也在影响着我们。大型的音乐节、体育比赛、大众化的电视节目、各国涌现的休闲潮流，所有这一切都反映了人们想摆脱生活和工作压力、想静下来作一番思考的迫切愿望。我们每一个人都在追寻某种未知的东西。

早年间，人们建立了许多教堂，举行弥撒、仪式、唱诗、祷告等活动。那些中世纪教堂玻璃窗上的彩画图像，表现了神是如何要求人们去追求未知的。

现在让我们来看看丁绍光的作品吧。他的探索、他战胜逆境的精神，这些使他窥见了人类心灵的奥秘；他对中国传统艺术的热爱，他对现代性的好奇心，使他的作品具有如教堂神秘的彩色玻璃窗一样的象征意义。

丁绍光在各种不同的绘画形式中始终保持着自由的意念。直至今日，仍是这一自由的意念在支配着他的眼睛和画笔。在过去很长的时间内，他回购那些早期创作的不满意的画作，并将它们付之一炬。而这些用画笔将瞬间变为永恒的作品正是那个时期的代表作。这一经历将永远铭刻在他的记忆里。

现代性祭台上的某种绝对

人们也许可以将丁绍光与许身佛门的僧侣加以比较。他的苦行主义就是对美的执着追求。他是为弘扬美的光辉而在画布上进行美的祭祀。丁绍光的成就是非凡的。他就是在现代化舞台上给我们树立的某种绝对代表。

我们的生活是由一些复杂规律支配的，而事实上我们常常假装忽略它们的存在。这些复杂规律构成了一座令人困惑的迷宫，正是丁绍光让我们找到了通往出口的路线，就像科学让我们了解客观世界的真理一样，艺术、美的科学，以及因此而产生的文化、诗歌等，其宗旨也在于探寻事物的本质。

跨入感知丁绍光作品的门槛，似乎要采用一种特殊的语言让自己进入某种境界。这一特殊的语言在激发心灵的全部资源的同时，即在激发我们以往为他物所控制的感受力的同时，以其本质把我们置于现实之前。我们必须承认丁绍光的每一幅画都渗透着综合的魅力、奇特的色彩选择、人物的细腻刻画，他的每一幅画都给人们开启了梦幻一般的仙境。他找到了梦幻国的消息并向我们转达。正是从他那里，形式开始对精神进行叙述，他是艺术认识论领域的大师之一。

任何欣赏丁绍光作品的人都难免惊叹。无论是他的具象表现还是抽象表达，都跳脱了既定认知。或许有人会试图将他的某些画作归为装饰艺术，如那些展现柔美花卉与女性气质的悦目图像。但他唯一可与新艺术运动和南锡学派相类比的是，这些风格同样诞生于现实主义的崩塌、海报媒体的兴起、电影艺术成功的时代危机中，促使具象艺术大师们奋起建立新的表现策略。

然而，只要对丁绍光绘画技巧的严谨性稍加研究，这一困惑自会烟消云散。丁绍光在绘画技巧上面的严谨，使其在形式和色彩上的运用都达到了与莫迪利亚尼和克里姆特一样的完美。

另外，人们确信丁绍光又是一个在认识论和精神方面有所"介入"的画家，他的介入是全心全意服务于美、善、和谐以及作为大自然一员的人类。他认为，他并不是在描绘某些专题的形象，而是在让天底下的众生都能聆听到一种信念。他的目标是通过自己的艺术，让我们分享他那瞬间清晰的领悟和他对美的酷爱。在他看来，美和数学的方程式一样，具有同等强烈的吸引力。

呼唤人们的觉醒

丁绍光把自己视为第 27 种文明的公民，他认为进入第 27 种文明时，人类将真正地完全拥有地球。这就意味着人类真正需要一种热爱大自然的真诚信仰。唯有这信仰才能保证几十亿人的幸福生活。丁绍光的每一幅绘画作品都明确地告诉我们，他坚信到了未来，那些决定我们现状的规则和价值，将会有变化。他的绘画没有采用打破旧规则的先锋派手法，但是他对美的歌颂还是给人们原先的那些确信，带来了某种"脱节"效果。与他的交谈证明他的思想极为丰富，他的为人十分谦虚。他的信心是建立在好奇心的收获之上的，正是这些收获使他画出了那些线条。他"想获得"未来。没有任何磨难足以使他对人类未来产生怀疑。他的绘画作品是一部宏大的音乐，每个人都能画出其谱线。

在丁绍光作品中有一块人们看不见的地方，类似冰山底部——那是他创作的基础，铭刻着影响了整整一代人的痛苦记忆和历史伤痕。但是丁绍光总是小心翼翼地将它们遮盖起来，只保留瞬间清晰领悟中所得到的收获。

在丁绍光的人际交往中，我们能够看到他作为学生、教师、艺术家时，与他人的良好关系。他的魅力、同情心和影响力都来自真正的内在修养，这种修养引导着"执笔之手"。丁绍光在描绘善与美的线条时，隐晦地谴责了那些可能随时进入公共视野的错误、偏差、幽怨和仇恨。他有能力超越那些他曾切身体验过的荒谬。

我们要真正理解他作品的主题。当丁绍光写下"自由与幸福"或"自然、美与优雅"时，他并不是在表达一个虚幻的愿望，而是在传达一个明确的信念。同样，他说："如果启发我的女性不是如此美丽，我的画作也可能会平平淡淡。"他拒绝考虑不幸、丑陋和可憎的事物，因为不能通过谴责痛苦来揭露它们，而是要通过肯定其对立面来展示生动的真相。美消除了恶。

丁绍光在最美的艺术花蕾中采集到了自己的成功之蜜。他去过佛教发源地朝圣，佛教对他影响甚大。后来他又对埃及、印度、阿兹特克和非洲的艺术给予了特别的重视和研究，从中汲取了丰富营养，最后形成了自己的全人类文化的视角。他的每一幅作品，都会迸发出他的理性之光，都会为人们展现新的视野。他已成功地逾越了所有的鸿沟。在对待过去的作品时，他只看重其中的个性因素。他把过去的作品视为向他人倾诉个人秘密的对象。

他的《母子像》（1992 年）、《埃及艺术》（1992 年），当然还有《古老的传说》（1995 年）、《童年》（1996 年）和《艺术女神》（1998 年）等绘画作品的灵感都产生于对古代艺术的比较记忆中。似乎是为了展现美的复杂性并在美的多样性中将美更理想化，他的每一幅画都像是在计算机屏幕上模拟出来的，但又在画布上得到升华，以便让人们能充分体会强烈的视觉冲击和丰富的精神内涵。

对超越的终极挑战

我们应当注意到，丁绍光对作品中女性的处理总是那么复杂而细腻。他笔下的女性都非常美丽，但却神情严肃。她们身材优美，胸部和四肢都展现出令人赞叹的平衡姿态。但这些女性形象丝毫不会使人产生欲望的遐想，没有半点肉欲效果。每一位女性形象都表现出优雅、细腻和魅力。他给我们的是心灵修养的最高境界，是对超越的终极挑战。

我们应当看到：所有艺术史上的重要作品，都服从于这条没有肉欲挑逗的规则。我们也许可以说，从古埃及的壁画到米开朗琪罗的油画，总之所有描绘绝对美的作品都默默地遵守着这一裸体规则，以便进入另一个领域：完美线条领域。丁绍光作品中的女性、飞鸟、树叶和树木无不把我带入某种超越现象之中。当我们从这种超越中感悟到某种启示时，我们或许就明白了智慧的含义。

进入丁绍光的每一幅作品，感受到的都是人与自然的和谐，是那些人类记忆中最美的东西——梦、思想、知识。丁绍光以画笔重新创造世界的和谐并邀请人们沉浸其中。这些精妙的和谐就如同缕缕芳香，让我们闭上双眼，细细地品味。随着其精华渗入我们的心灵，一切的一切都美好起来。

世俗令我们划地自限，而丁绍光却能让我们出离世俗。他将自己奉献于美的创造，并将美奉献于人，让世界朝着和谐之美迈进。倘若我们问他："追寻美的路在哪里啊？"他一定会毫不犹豫地回答："请跟我来。"

安德烈·帕利诺

2000 年 10 月

丁 绍 光 作 品

Ting Shao Kuang
TERL 1986.

Ting Shao Kuang
Ting 1985

Ting ShaoKuang 1987.

Ting ShaoKuang 丁邵光 1987

Ting Shao Kuang
TING 1987.

Ting ShaoKuang 丁绍光 1987.

Tung ShaoKuang 1987.

Ting Shaokuang 丁紹光 1988.

Tang Shaokuang 1988.

Ting Shaokuang 1988

Ting Shao Kuang 丁紹光 1992

丁绍光 1993.

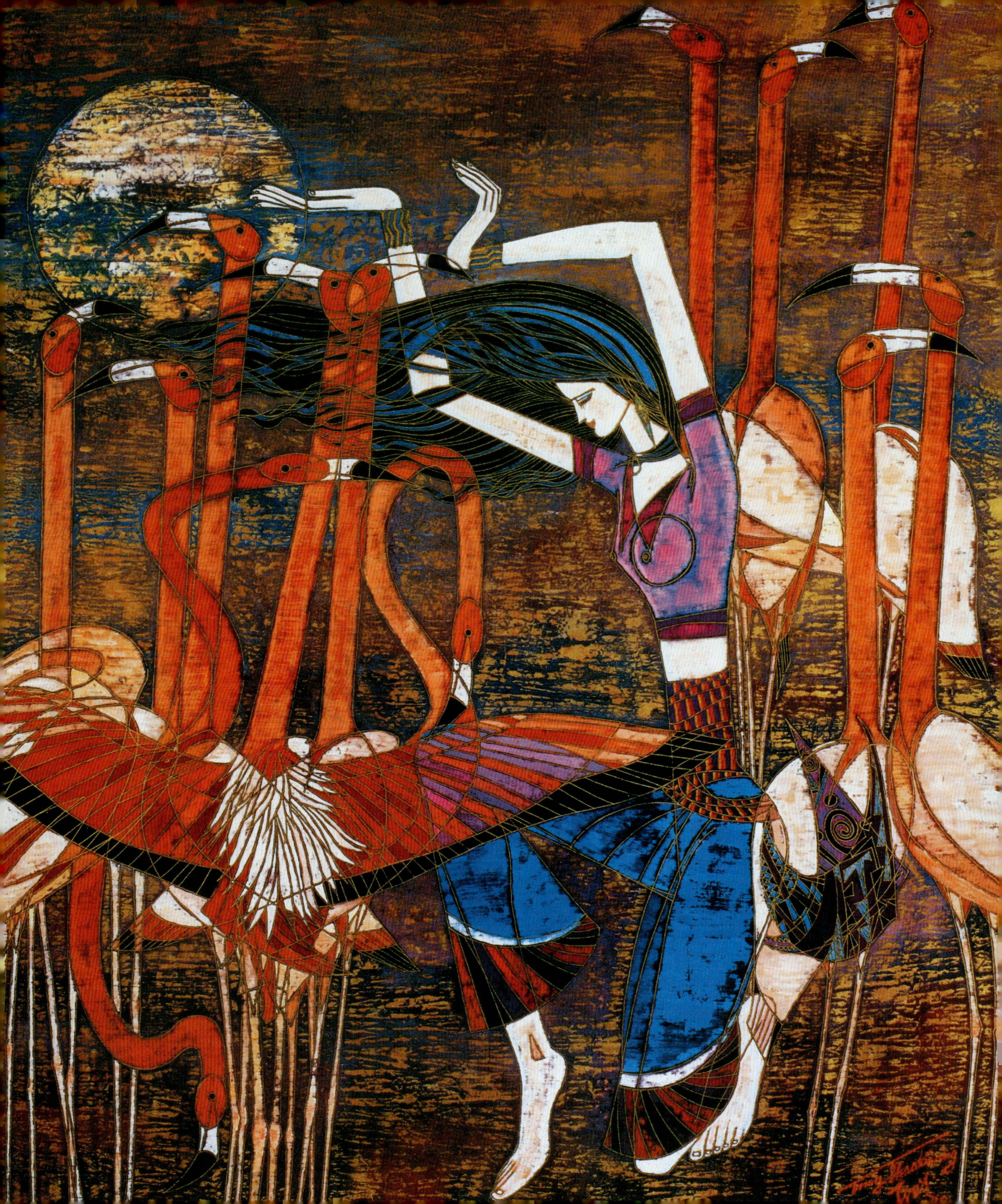

1994. 丁紹光 Ting Shao Kuang

ting shaokuang
1994

Ting Shaokuang 1994.

丁绍光 1995.

丁绍光 1995.

丁绍光 1997.

我经历了许多艰难的厄运，但我从未停止过对美的向往，我把美视为通过艺术表现和内心智慧而达到的艺术驾驭的果实。

——丁绍光

所有主题的共同点都激发于我内心最深处的渴望。换句话说，我谨慎地回避了那些能唤醒"痛苦"的内容。 我的创作原则是：把悲伤留给自己，与他人分享美的珍宝。

——丁绍光

神秘富饶的西双版纳
The Mysterious & Abundant Xishuangbanna
1981 年　180cm×100cm

微风
Breezes
1985 年　102cm×102cm

丝绸之路
The Silk Road
1986 年　104cm×105cm

勇士
The Warrior
1986 年　102cm×104cm

石头花园
Stone Garden
1986 年　104cm×105cm

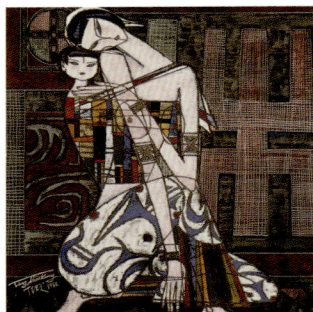

母女
Mother & Child
1986 年　104cm×105cm

乐园
Paradise
1986 年　102cm×104cm

遥远的梦
Distant Dreams
1987 年　102cm×104cm

夜骑
Night Rider
1987 年　105cm×79cm

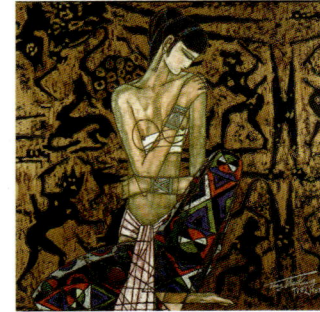

猎手
The Hunter
1987 年　102cm×104cm

十个太阳 / 后羿射日
Ten Suns
1987 年　104cm×102cm

鸟之舞
Dance With the Bird
1987 年　102cm×102cm

反思
The Warrior's Reflection
1987 年　102cm×102cm

甜蜜的悲伤
Sweet Sorrow
1987 年　102cm×104cm

母性
Motherhood
1987 年　102cm×104cm

中国之歌
Chinese Song
1987 年　102cm×104cm

妩媚
Enchanting
1987 年　104cm×105cm

双子
Twins
1987 年　223cmx102cm

海风
Sea Breeze
1987 年　104cm×104cm

汉王朝
Han Dynasty
1988 年　104cm×104cm

风与海的对话
Dialogue between Wind and Sea
1988 年　102cm × 104cm

摇篮曲
Cradle Song
1988 年　104cm × 104cm

敦煌壁画
Mural of Dunhuang
1988 年　101cm × 106cm

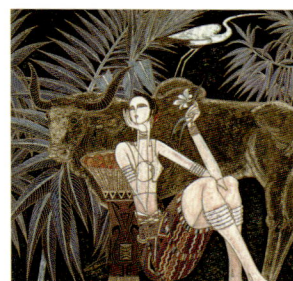

田园牧歌
Country Song
1988 年　104cm × 102cm

动物园的梦
Dreaming of the Zoo
1988 年　102cm × 107cm

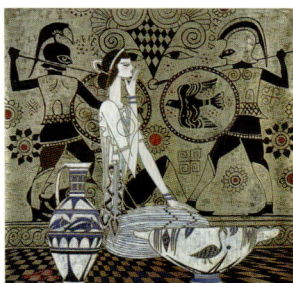

勇士的传说
Soldier's Story
1988 年　78cm × 78cm

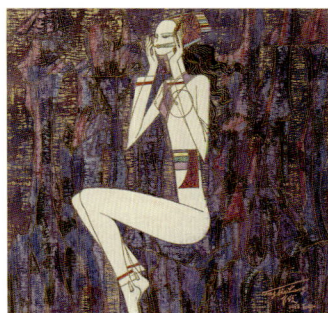

草笛
The Grass Whistle
1988 年　76cm × 76cm

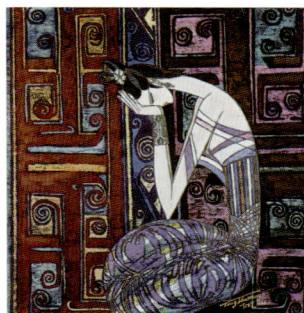

后宫
Imperial Harem
1988 年　104cm × 106cm

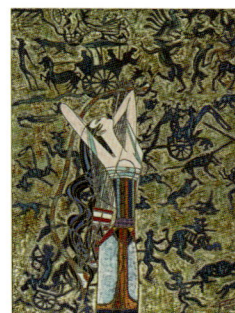

女猎手
The Huntress
1988 年　138cm × 104cm

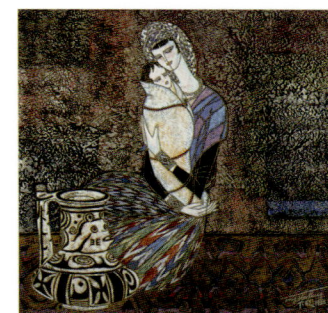

温暖
Warmth
1988 年　100cm × 100cm

精卫填海
The Myth of Jingwei
1988 年　104cm × 107cm

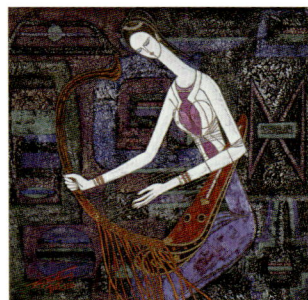

小夜曲
Serenade
1988 年　100cm × 100cm

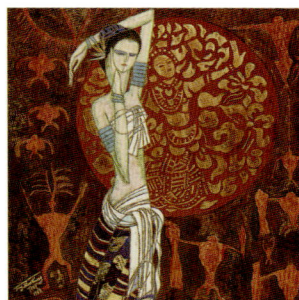

六月的新娘
June Bride
1988 年　102cm × 102cm

深秋
Golden Leaves
1988 年　103cm × 104cm

泰女
Thai Lady
1988 年　104cm × 106cm

祝祷和平
Wishing for Peace
1988 年　102cm × 104cm

樱花春雨京都
Spring Rain in Kyoto
1988 年　102cm × 100cm

生命之树
Tree of Life
1988 年　104Cm × 102cm

忆热带雨林
Tropical Memory
1988 年　102cm × 104cm

紫色花园
Purple Garden
1988 年　104cm × 104cm

幸福鸟
Bird of Happiness

1988 年　102cm × 100cm

东方之歌
Blue Diamond

1988 年　104cm × 104cm

舞姬
The Dance

1988 年　131cm × 102cm

催眠曲
Lullaby

1988 年　104cm × 105cm

非洲热浪
Hotwind of Africa

1989 年　102cm × 104cm

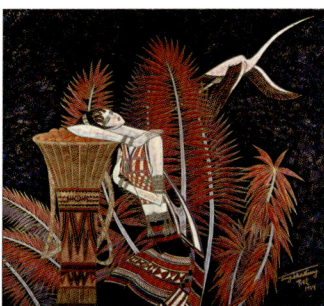

紫色的梦
Purple Dream

1989 年　104cm × 104cm

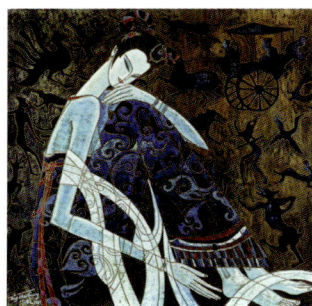

古代文明
Ancient Civilization

1989 年　104cm × 102cm

春泉
Rhyme of Fountain

1989 年　104cm × 105cm

慈爱
Heart to Heart

1989 年　102cm × 104cm

凤凰女
Phoenix Lady

1989 年　104cm × 102cm

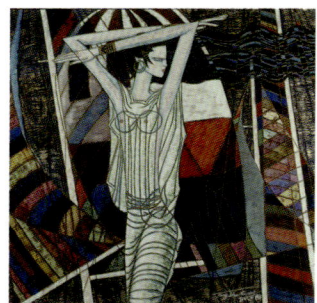

帆影
The Shadow of Sails

1989 年　104cm × 104cm

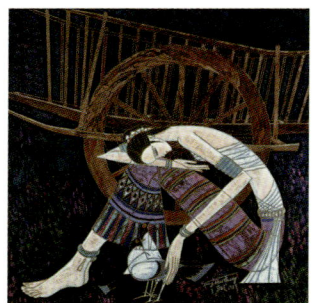

泰国古老的花园
Thailand Ancient Garden

1989 年　102cm × 104cm

胡笛
Flute

1990 年　104cm × 100cm

凤凰之歌
Song of Phoenix

1990 年　104cm × 100cm

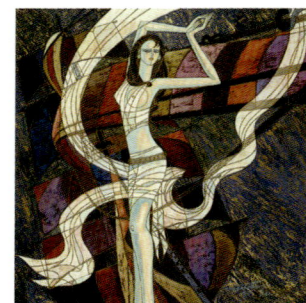

暮光
Twilight

1990 年　106cm × 104cm

女王
Golden Empress

1990 年　104cm × 102cm

古寺钟声
Resonance of Temple Bell

1990 年　104cm × 107cm

回声
Echoes

1990 年　122cm × 102cm

鹤与阳光
Crane and Sunlight

1990 年　104cm × 122cm

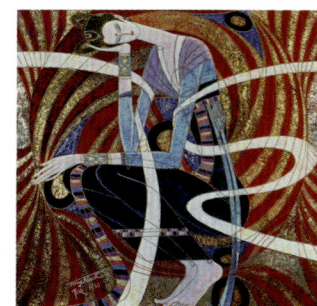

古老的旋律
Ancient Melody

1990 年　104cm × 105cm

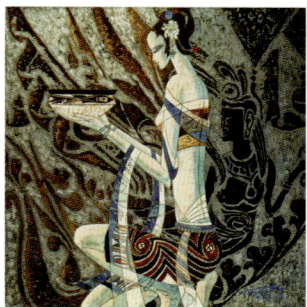

佛光普照
Illumination of Buddha

1990 年　102cm × 102cm

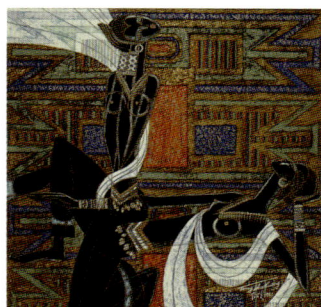

冥想
Meditation

1990 年　102cm × 104cm

非洲之梦
African Dream

1990 年　105cm × 105cm

祈祷
Eyes of Prey

1990 年　160cm × 160cm

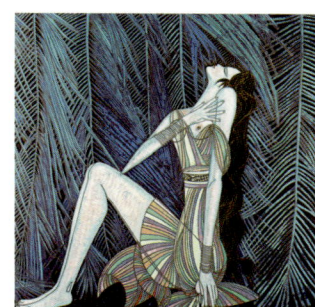

重返自然
Return to Nature

1990 年　104cm × 104cm

流沙河
Running Sand River

1990 年　132cm × 220cm

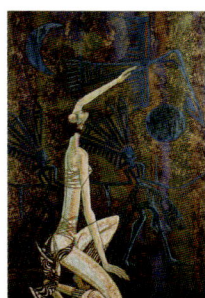

云南画派的曙光
Dawn of the Yunnan School

1991 年　154cm × 102cm

迁徙
Migration

1991 年　102cm × 104cm

兰花
Morning Flowers

1991 年　107cm × 86cm

西双版纳的风情
Amorous Feelings of Xishuangbanna

1991 年　132cm × 158cm

皮影戏
Shadow Play

1991 年　104cm × 104cm

春米谣
Ballad of Rice

1991 年　201cm × 123cm

卖花女
Flower Girl

1991 年　80cm × 78cm

母子像
Cherish

1992 年　104cm × 102cm

天堂之花
Flower of Paradise

1992 年　106cm × 104cm

平和
Keeping Peace

1992 年　100cm × 78cm

狩猎
Hunting

1992 年　89cm × 86cm

晨曦
Aurora

1992 年　104cm × 104cm

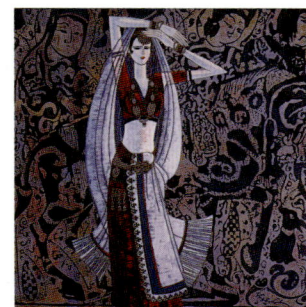

古典舞者
Ancient Dancer

1992 年　104cm × 104cm

天鹅湖
Swan Lake

1992 年　92cm × 95cm

祝福
Best Wishes
1993 年　100cm × 103cm

花卉
Orchids & Irises
1993 年　104cm × 56cm

花
Flowers
1993 年　102cm × 53cm

人权之光
Light of Human Rights
1993 年　105cm × 80cm

回归天堂
Return to Paradise
1993 年　104cm × 104cm

和平、进步、发展
Peace, Equality, Progress
1994 年　224cm × 98cm

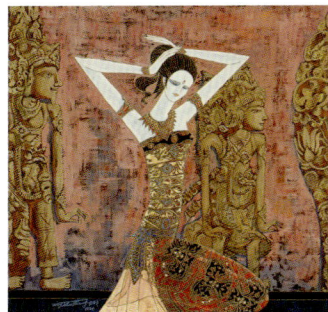

神殿
Temple
1994 年　104cm × 104cm

巴厘公主
Bali Princess
1994 年　104cm × 104cm

月夜之舞
Radiance
1994 年　102cm × 142cm

月光
Moonlight
1994 年　150cm × 100cm

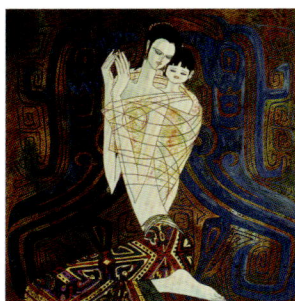

母爱
Maternal Love
1994 年　105cm × 100cm

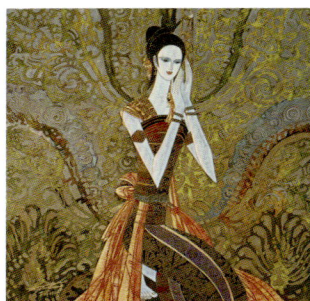

祝福
Blessing
1994 年　105cm × 103cm

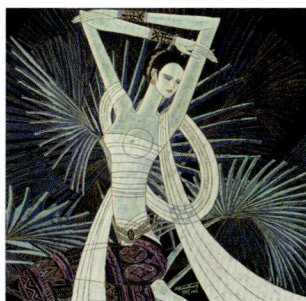

孔雀之舞
Dance of the Peacock
1994 年　104cm × 104cm

丰收的季节
Bountiful Harvest
1994 年　130cm × 102cm

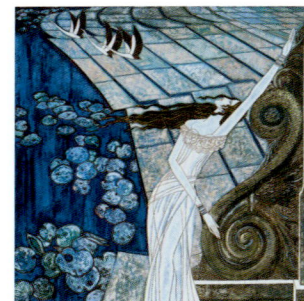

湖畔
Lakeside
1994 年　135cm × 130cm

沉静的时刻
Peaceful Moment
1995 年　102cm × 101cm

心连心
Heart to Heart
1995 年　222cm × 105cm

宁静的花园
Peaceful Garden
1995 年　102cm × 102cm

朝贡
Offering
1995 年　150cm × 76cm

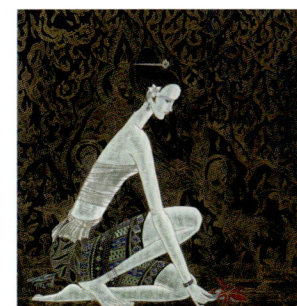

圣洁的花
Fire Flower
1995 年　103cm × 98cm

古老的门
Ancient Gate
1995 年　99cm×85cm

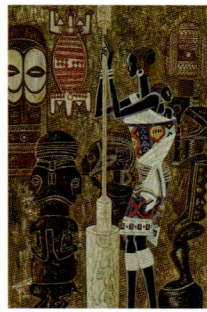

舂米谣 II
The Song of Origin
1995 年　152cm×98cm

贡品
Tribute
1995 年　113cm×105cm

古老的传说
Ramayana
1995 年　102cm×104cm

自由之歌
Song of Freedom
1995 年　102cm×102cm

宗教与和平
Religion & Peace
1995 年　150cm×117cm

宁静的世界
The Peaceful World
1996 年　104cm×104cm

飞翔
Flight
1996 年　105cm×102cm

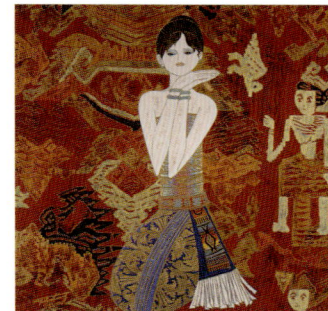

童年
Childhood
1996 年　77cm×77cm

青铜时代
The Bronze Age
1996 年　150cm×150cm

关爱
Caring
1997 年　78cm×78cm

友好与和平
Friendship & Peace
1997 年　130cm×104cm

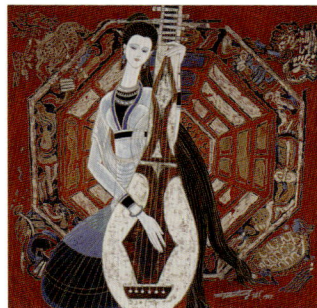

天地之歌
Song of Creation
1997 年　76cm×76cm

金沙江
Golden Sand River
1997 年　174cm×200cm

美丽的梦
Beautiful Dream
1997 年　118cm×76cm

艺术女神
Goddess of Art
1998 年　440cm×740cm

阿诗玛
Ashima
1998 年　104cm×102cm

人与自然
Men & Nature
1998 年　140cm×130cm

非洲之心
Heart of Afica
1998 年　198cm×198cm

三女神
Three Goddesses

2005 年　126cm×112cm

鹊桥
Everlasting Love

2007 年　104cm×105cm

天地人和
Harmony between Heaven，Earth and Men

2007 年　204cm×102cm

月光
Moonlight

2009 年　140cm×140cm

天马行空
Omnipotence

2009 年　102cm×122cm

八千里路云和月
Confession

2009 年　104cm×104cm

生命之源
The Source of Life

2009 年　83cm×127cm

三十功名尘与土
Reflection

2009 年　150cm×150cm

生生不息
Everlasting Life

2019 年　380cm×190cm

生生不息之二
Everlasting Life II

2019 年　188cm×248cm

生生不息之三
Everlasting Life III

2020 年　188cm×173cm

老 照 片

1957 年，丁绍光在云南

1979 年，丁绍光（右三）在云南和同事们讨论"申社"，背景是云南博物馆

1986 年，丁绍光摄于洛杉矶家中

1988 年，丁绍光在《丝绸之路》丝网版画发行会上

为感谢丁绍光践行联合国宪章和理想，1995 年，在联合国总部，联合国秘书长加利（左二）与联合国协会世界联合会副秘书长安娜贝尔·威娜（左一）、联合国邮政管理局局长（右一）授予丁绍光世界著名艺术大师称号

1994 年，在丁绍光国际艺术中心揭幕式上，丁绍光与美国加利福尼亚州博物馆委员会主席握手

1997 年，丁绍光与联合国秘书长安南（右二）及夫人（右一）、联合国协会世界联合会副秘书长安娜贝尔·威娜（左一）合影

1998 年 8 月，丁绍光在上海大剧院与《艺术女神》作品合影

1998 年 11 月 17 日，丁绍光、安娜贝尔·威娜（联合国协会世界联合会副秘书长，左二）在上海艺术博览会合影

1999 年，丁绍光为昆明世博会创作主题作品《人与自由》

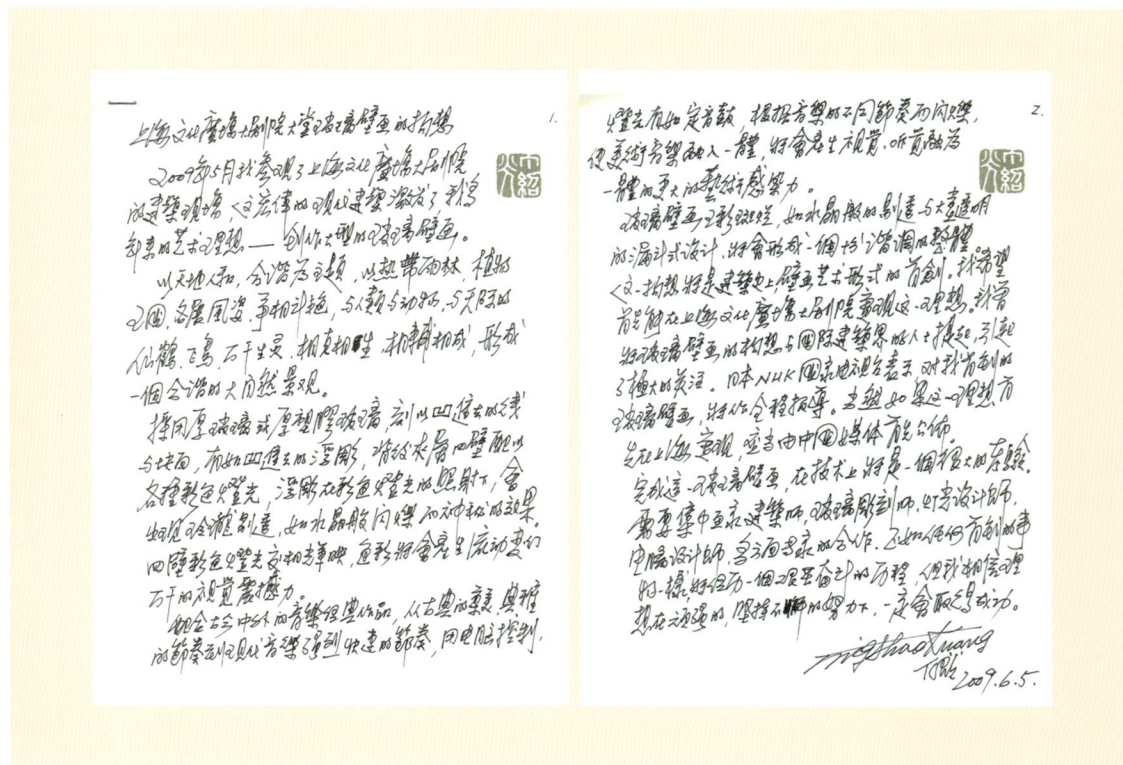

2009 年 6 月 5 日，丁绍光对上海文化广场《生命之源》的创作设想原稿

2003 年夏，丁绍光在上海大剧院五楼艺术藏品馆修缮
日晒损伤的《艺术女神》

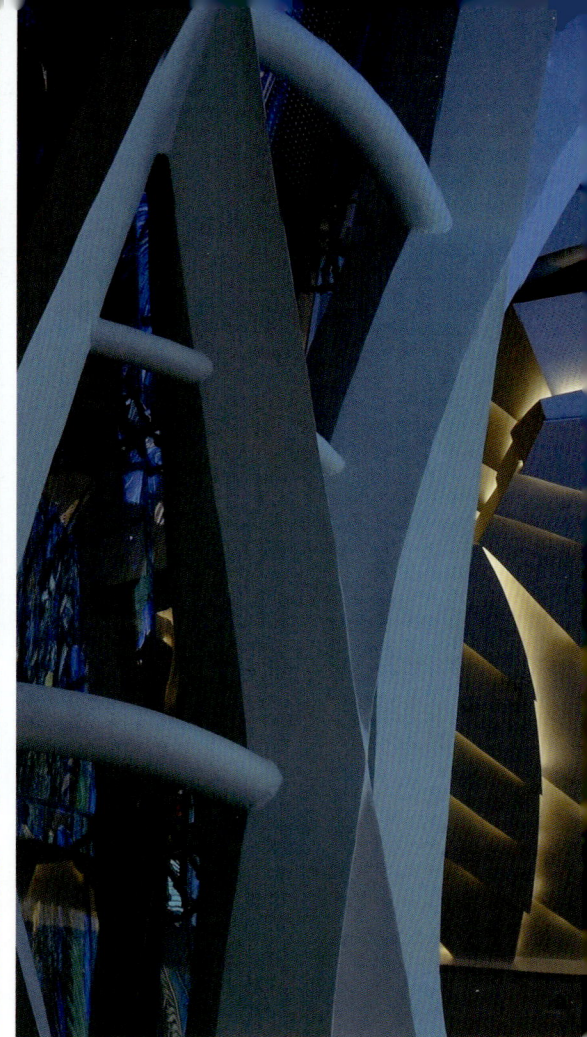

1.2010 年，丁绍光在项目施工现场

2.2010 年，丁绍光与相关方面研讨
  项目推进情况

3.2010 年，丁绍光在美国彩色艺术
  玻璃工厂

4.2011 年，丁绍光在上海文化广场
  开幕典礼上接受采访

6

7

5/6.《生命之源》彩色镶拼玻璃作品
局部精美图案

7.2019 年，丁绍光观摩《生命之源》
壁画